우리 아이
처음 놀이

우리 아이 처음 놀이
: 0~36개월 사소하지만 참으로 대단한 발달 놀이 150

초판 발행 2020년 7월 20일
2쇄 발행 2020년 12월 20일

지은이 이현주(느림보juliee) / **펴낸이** 김태헌
총괄 임규근 / **책임편집** 권형숙 / **기획·편집** 김희정 / **교정교열** 박정수 / **디자인** 어나더페이퍼 / **일러스트** 김소은(버터와소)
영업 문윤식, 조유미 / **마케팅** 박상용, 손희정, 박수미 / **제작** 박성우, 김정우

펴낸곳 한빛라이프 / **주소** 서울시 서대문구 연희로 2길 62 한빛빌딩
전화 02-336-7129 / **팩스** 02-325-6300
등록 2013년 11월 14일 제25100-2017-000059호 / **ISBN** 979-11-90846-02-8 13590

한빛라이프는 한빛미디어(주)의 실용 브랜드로 우리의 일상을 환히 비추는 책을 펴냅니다.

이 책에 대한 의견이나 오탈자 및 잘못된 내용에 대한 수정 정보는 한빛미디어(주)의 홈페이지나 아래 이메일로
알려 주십시오. 잘못된 책은 구입하신 서점에서 교환해 드립니다. 책값은 뒤표지에 표시되어 있습니다.
한빛미디어 홈페이지 www.hanbit.co.kr / **이메일** ask_life@hanbit.co.kr
한빛라이프 페이스북 facebook.com/goodtipstoknow / **포스트** post.naver.com/hanbitstory

Published by HANBIT Media, Inc. Printed in Korea
Copyright © 2020 이현주(느림보juliee) & 김소은(버터와소) & HANBIT Media, Inc.
이 책의 저작권은 이현주(느림보juliee)와 김소은(버터와소)과 한빛미디어(주)에 있습니다.
저작권법에 의해 보호를 받는 저작물이므로 무단 복제 및 무단 전재를 금합니다.

지금 하지 않으면 할 수 없는 일이 있습니다.
책으로 펴내고 싶은 아이디어나 원고를 메일(writer@hanbit.co.kr)로 보내 주세요.
한빛라이프는 여러분의 소중한 경험과 지식을 기다리고 있습니다.

0~36개월 사소하지만 참으로 대단한 **발달 놀이 150**

우리 아이
처음 놀이

이현주 글 · 김소은 그림

B 한빛라이프

머리말

아이가 가장 좋아하는 놀이는 엄마와 아빠가 함께하는 놀이다

우리 집에는 장난감이 많지 않다. 두 아이는 보행기도 소서도 점퍼루도 없이 어린 시절을 보냈다. 그 시절 우리는 유학생 부부였기에 육아 용품을 척척 살 만큼 여유가 없었다. 우리를 안쓰럽게 여긴 동네 주민 덕분에 흔들 침대와 이동식 아기 침대 등 꽤 많은 육아 용품을 물려받을 수 있었지만, 다른 육아 용품을 살 때는 몇 번이고 고민해야 했다. 한 번은 버려진 나무를 모아 톱으로 자르고 못을 박아 세상에 하나밖에 없는 미끄럼틀을 만들기도 했다. 집안 물건만큼 훌륭한 장난감은 없고 나무보다 훌륭한 장난감 재료는 없다고 되뇌며, 이것이야말로 오리지널 몬테소리 교육이라고 스스로 위안하기도 했다.

어설픈 우리만의 교육관이 옳았다고 확신할 수 없다. 다만, 아이들은 없는 돈을 쪼개 온갖 제품을 비교하고 산 장난감보다 집안 물건을 더 좋아했다. 빨랫감이 수북하게 쌓인 바구니, 물건을 사면 딸려 오는 골판지 상자, 주방 서랍에 들어 있는 국자/뒤집개/주걱, 냄비와 냄비 뚜껑, 엄마와 아빠의 3대 장난감 시리즈(휴대폰, TV 리모컨, 무선 마우스), 엄마 아빠의 추억이 깃든 CD 앨범과 재킷, 신용카드, 빈 음료수 병과 화장품 용기, 행주와 걸레, 냄새 나는 양말, 돌돌 말린 기저귀…. 나름대로 고르고 고른 장난감을 아이에게 내밀며 한껏 기대했는데, 아이는 장난감보다 장난감 상자에 관심을 보이며 상자를 뒤집어보고 입에 넣고 잡아당기길 반복한 적도 많다. 그럴 때마다 그 상자 말고 장난감을 보라며 아이 앞에서 재롱을 떨기도 했다.

장난감에서 그칠까? 큰맘 먹고 놀이동산이며 동물원에 갔는데 아이는 휘황찬란한 캐릭터 퍼레이드나 쉽게 볼 수 없는 사자와 호랑이는 본체만체하고, 흔하디 흔한 개미 행렬과 민들레 꽃에 정신이 팔려 길바닥에 주저앉아 있을 때도 많았다. 그때마다 본전 생각에 아이의 시선을 돌리기 위해 필살기를 얼마나 발휘해야 했는지 모른다.

돌이켜보면 아이가 좋아하는 장난감은 따로 있다. 엄마와 아빠가 아끼고 자주 쓰는 물건, 흔하디 흔한 물건과 자연물에 더 관심을 보이고 좋아한다. 그렇게 보면 아이에게 가장 좋은 장난감은 엄마와 아빠라는 말이 전혀 이상하지 않다. 아이가 가장 자주 보고 익숙하고 편한 건 역시 엄마와 아빠기 때문이다.

아이와 노는 (또는 놀아주는) 건 참으로 중요하다. 하지만 시중에 나온 아이 놀이 책을 보면 서너 살은 되어야 할 수 있는 놀이가 대부분이다. 0~12개월 아이 놀이를 알려주는 책은 많지 않다. 나는 영유아 수면 컨설턴트로 일하고 있다. 자연스럽게 이 시기의 수면 문제가 밤보다는 낮부터 시작되는 문제라는 걸 알게 되었고, 낮에 일어나는 활동, 의사소통, 놀이에 관심이 갔다. 아이 키우기도 바쁜 부모에게 손이 많이 가지 않으면서 잠시 짬을 내서 할 수 있는 놀이를 소개하고, 놀이를 일상에 접목하는 방법을 알리고 싶었다.

놀이는 아이가 가만히 누워 울고 먹고 자는 시기의 눈 맞춤과 의사소통에서부터 시작된다. 말투만 바꿔도 일상 대화는 놀이가 될 수 있다. 그러면서도 '훈육'이라 불리는 경계 설정도 놓치지 않는 단단한 의사소통 중심의 놀이에 도움이 될 수 있으면 좋겠다. 그러길 희망한다.

2020년 여름
이현주

차례

머리말 아이가 가장 좋아하는 놀이는 엄마와 아빠가 함께하는 놀이다 4

1장 / 아이는 놀면서 큰다

잘 놀아야 잘 자고 잘 먹는다 14
아이에게는 모든 것이 놀이다 17
그래도 아이가 가장 좋아하는 건 엄마와 아빠다 25

그래도 엄마는 가끔 쉬고 싶다 27
아이에게 혼자 놀기를 허하라 30
놀이를 시작하기 전에 알아야 할 몇 가지 이야기 34

2장 / 매일매일 일상 놀이

말과 관련된 놀이 49
첫 상호 놀이는 옹알이 따라 하기 49
베이비토크 50
일상 이야기하기 53
책 읽기 55
노래하기, 동요 들려주기 55

몸과 관련된 놀이 57
아이 얼굴 터치, 터치, 터치 57
오르락내리락 엘리베이터 놀이 57
떴다 떴다 비행기 놀이 58
개운한 기저귀 갈기 59
신나는 옷 갈아입기와 몸 닦기 60
평온한 목욕 놀이 60
몸 튼튼, 마음 튼튼 베이비 마사지 62

잠을 부르는 놀이/활동 66
오전에는 햇빛 테라피 66

갑갑해 보이지만 알고 보면 편안한 속싸개 66
거친 신체 놀이 68
청각 자극 69
흔들림 자극 69
시각 자극 70

잠에 도움되는 낮 놀이 70
'그대로 멈춰라' 놀이 71
낮에도 잠자리 놀이 71
미니 마사지 놀이 73
'잠깐만' 놀이 73
쪽쪽이 놀이 74

낮잠 시간 전 놀이 75
차량 세기 75

잠을 깨우는 놀이 76

1:1 집중 놀이 78

3장 / 월령별 놀이

출생~3개월 놀이

출생~3개월 아이의 일반적인 발달 86
터미타임 88
지퍼백 놀이 92
거울 보기&옆으로 누워서 놀기 94
모빌 놀이 95
풍선 놀이 96
꿀벌 간지럼 놀이 97
메롱 놀이 98
메롱이냐 손이냐 100
노래, 노래, 노래! 100
윗몸일으키기 101
자전거 타기 놀이 102
팔다리 스트레칭 103
신생아 반사 반응 테스트 104
베이비 레그프레스 107
김밥 말기 108
손수건 살랑살랑 놀이 108
공차기 놀이 110
손발 짝! 놀이 111
손보다 발이 먼저! 112
편하게 살자 1 114

4~6개월 놀이

4~6개월 아이의 일반적인 발달 118
사과-오렌지 후각 놀이 120
공 타기 121
'사라졌다' 놀이 122
신비한 슬링키 123
시각 놀이 물병 123
은박 포장지 감각 놀이 125
전지에 아이 몸 따라 그리기 125
아기체육관 변형하기 126
비눗방울 놀이 127
얼음도 촉감 놀이로! 128

별 헤는 상자 129
거미 센서 130
촉감 장갑 놀이 131
라디오 스타 131
이불썰매 놀이 132
편하게 살자 2 133

7~12개월 놀이

7~12개월 아이의 일반적인 발달 136
아이랑 마주 앉아 블록 놀이 138
굴린 공 따라 잡아오기 놀이 139
컵 쌓기 140
잡아당기기 놀이 141
도리도리 곤지곤지 지암지암 작작궁작작궁 142
곰돌이와 함께 우아한 식사 시간 143
젤라틴 화석 놀이 145
원인과 결과 놀이 146
용기 채우고 비우기 146
용기에 작은 물건을 떨어트리기 147
온갖 접착테이프 떼기 147
장난감 구출 작전 148
제3의 장난감 주기 149
장난감 악기 놀이/집 안 물건의 악기화 149
먹어도 좋은 모래 놀이 150
인형 다 모아 놀이 152
먹을 수 있는 핑거페인트 153
건강한 슬라임 놀이 154
베이비사인 딱 네 개만 155
눈 크게 뜨고 보세요! 불가능 큐브 156
달님 안녕! 157
상자 동물 맘마 먹이기 158
대상영속성 놀이 셋 159
청각 놀이 161
뽑아도 뽑아도 물티슈 162
DIY 팝업북 163
촉감 국수 놀이(+먹기) 164

대형 얼음 물감 놀이 165
선샤인 페인팅 166
터널 놀이 167
쿠션 오르기 168
왕면봉 끼우 넣기 놀이 168
빨래 바구니 밀기 169
편하게 살자 3   172

13~18개월 놀이

13~18개월 아이의 일반적인 발달 176
뽁뽁이 도장 놀이 178
왕면봉으로 따라 그리기 179
돌 이후 아이 립스틱 실험 179
색종이 붙이기 181
물병에 빨대 넣기 182
손 거품기 놀이 183
물 페인트 놀이 184
간단 비지 보드 185
벨크로와 폼폼 짝꿍 벽 놀이 186
파스타 면+빨대 놀이 186
유아용 점보 볼트와 너트 187
폼폼 놀이 188
화장지 탑 쌓기 188
쿠킹 포일 속 장난감 찾기 189
탁구공 옮기기 190
펠트 빼기/끼우기 191
편하게 살자 4   192

19~24개월 놀이

19~24개월 아이의 일반적인 발달 194
구멍에 모루와 빨대 꽂기 196
빨대 꿰기 197
손톱깎이 세트 퍼즐 198
비눗방울 불기 198
분유통 저금통 놀이 200
주방 세제 기품 내기 200
거품 물감 촉감 놀이 201
하드 막대 꽂기 202
낚시 놀이 203
쏙쏙 이쑤시개 놀이 204
하드 막대 연결 놀이 205

플레이도우 찍기 놀이 205
작은 장난감 집 찾아주기 206
미니 자동차 블록 미로 207
블록 퍼즐 맞추기 207
그림자 놀이 208
빨래집게 놀이 209
CD 무지개 놀이 210
편하게 살자 5   211

24개월 이후 놀이

24개월 이후 아이의 일반적인 발달 214
헤어 롤 놀이 216
마스킹테이프 놀이 217
벽에 낙서를 허하라 219
도화지 손톱깎이 놀이 221
도화지에 비눗방울 불기 221
컵 세트에 과자 넣기 222
자석이 끌어올리는 모루 222
국자 뜨기 놀이 223
색 도화지 붙이기 224
사진 속 장소 찾기 놀이 225
장난감 씻기 놀이 226
수제 스티커 딱풀 붙이기 230
안 먹는 아이를 위한 스티커 놀이 230
이쑤시개 연결 놀이 231
히드 막대 퍼즐 맞추기 231
라벨 퍼즐 놀이 232
블록 포장하기 232
마스킹테이프 도로와 블록 시티 233
풍선에 그림 그리기 234
신문지 찢어 던지기 235
키친타월 물감 놀이 236
드라이아이스 연기 237
흔들흔들 예술 237
바느질 놀이 238
모로 반사 테스트 운동 238
펜싱 반사 테스트 운동 240
팔머 반사 테스트 운동 241
편하게 살자 6   242

맺음말 아이는 놀면서 '뭐' 해! 243

새는 날아다니고,
물고기는 헤엄치고,
아이들은 논다

개리 랜드리스

1장

아이는
놀면서
큰다

..... 아이에게 놀이는 먹고 자는 것만큼 중요하다. 아이가 의도하든 의도하지 않든 아이가 하는 모든 행동은 놀이인데, 그 놀이를 통해 아이는 성장하고 배우기 때문이다. 하지만 놀이가 중요하다는 건 잘 알아도 잘 놀아주는 건 쉽지 않다. 어른이 되어버린 부모는 노는 법을 잊은 듯하다. 직접 몸으로 놀지 않고 남들이 노는 걸 TV나 유튜브에서 감상하는 게 어른들의 새로운 놀이가 되어가고 있다. 아이라고 별반 다르지 않다. 유명한 크리에이터가 크고 멋진 장난감을 가지고 노는 걸 유튜브로 감상하는 게 요즘 아이들이 즐기는 놀이 중 하나다.

전문가들은 이런 현상을 매우 염려하며, 아이들에게 진짜 놀이를 되찾아주기 위해 애쓰고 있다. 미국소아과학회에서는 놀이 가이드라인을 만들어 소아청소년과 의사와 부모에게 놀이의 힘을 알리고 있다. 또한 장난감 제조사와 함께 '놀이의 힘' 프로젝트를 진행하여 그 결과를 '놀이 처방전'이라는 이름으로 제공할 만큼 아이들에게 놀이를 되찾아주기 위해 적극적이다.

우리나라에서도 그동안 대수롭지 않게 여겼던 놀이를 새롭게 조명하고 있다. 아이들은 놀면서 행복한 기억을 쌓고 상상력과 창의력을 발휘하며 신체·정서·인지를 발달시키기 때문이다. 놀이와 아이의 두뇌는 밀접하게 관련되어 있다. 소아정소년과 의사들이 놀이를 처방선처럼 간주하는 이유다.

잘 놀아야
잘 자고 잘 먹는다

내 아이가 어렸을 때 꼭 지키고자 했던 원칙 한 가지가 있다. '아이가 아무리 어려도, 비가 와도 눈이 와도 매일 밖으로 나가 산책하기'였다. 아이가 어릴 때는 주로 아기띠를 한 채 산책했지만 아이를 유모차에 태워 산책하는 날도 있었다. 물론 유모차는 유모차대로 밀고 아기띠로 아이를 안아야 하는 날이 잦았다. 끌고 나간 유모차가 아까워 장을 보고 물건을 나르는 용도로 쓴 적도 많다. 아이를 휴대용 유모차에 앉혀도 괜찮을 때까지 유모차 산책은 쉽지 않다. 이 사실을 아무도 말해주지 않아 유모차에 아이를 앉히고 용감하게 산책을 나섰다가 낭패를 봤다는 엄마들 이야기를 꽤 자주 듣는다. 나 역시 수차례 낭패를 봤지만 다음 날이면 어김없이 아이를 유모차에 앉히고 길을 나섰다. 머잖아 아이가 유모차에 얌전히 앉아 세상을 구경할 거라 믿었다. 물론 그런 날은 오지 않았다. 다만 유모차에 누워 잠들어버린 날은 있었다. 낮잠 시간이 허무하게 사라져버리는 날이다. (나는 여기서 분명히 경고해둔다!)

아이가 걸음마를 떼기 시작한 뒤로는 아이 손을 잡고 산책을 했다. 물론 아주 잠깐만 걸어도 아이는 두 팔을 내밀며 안아달라고 했다. 집에 돌아올 때까지 스스로 걷겠다는 아이의 약속은 한 귀로 흘려야 한다. 사실 가만히 생각해보면 아이와 그런 약속을 했다는 게 우습게 느껴진다.

아이가 어릴 때는 아기띠를 반드시 챙겨야 하고 곧 빨아도 좋을 옷을 입혀야 한다. 아이는 언제 어디서나 철퍼덕 앉아버린다. 풀밭이든 흙바닥이든 물웅덩이든 상관하지 않는다. 예쁘게 차려 입힌 정도와 비례하여 "안 돼!"가 자주 튀어나온다. 아이가 세상을 실컷 탐험하게 하고 싶다면 옷장에서 막 꺼낸 말쑥한 옷은 삼가라.

도시에 살아 도로 옆을 걸어야 해도 상관없다. 놀이터 가는 길에 아파트 정원에 핀 민들레와 닭의장풀이라도 함께 보면 그걸로 충분하다. 아이에게 목적지는 큰 의미가 없다. 설사 목적지가 있더라도 아이가 가다가 주저앉았다면 그곳은 잠시 쉬어야 하는 곳이다. 주저앉은 그곳이 목적지로 바뀌기도 한다. 아이에게는 보도블록 사이에 낀 병뚜껑마저도 신기하다. 큰 아이들이 놀다가 왕창 흘려놓은 딱총 총알도 아이에겐 보물이 된다. 발에 차이는 돌멩이 중 하나가 운 좋게 아이 눈에 들어 엄마 선물이 되기도 한다. 그게 뭐라고 엄마는 또 그 돌멩이를 가방 속에 넣고 다닌다. 그러다 보면 아이가 들꽃을 꺾어 처음으로 엄마에게 선물한 그날의 감동은 날이 갈수록 시들어 "응. 고마워"라고 영혼 없이 말하고는 아이 몰래 버렸다가 나중에 아이한테 들켜 된통 혼나는 때도 있다.

비 오는 날엔 우산 위로 떨어지는 빗소리를 들었다. 그런 날엔 땅바닥을 기어다니는 민달팽이도 볼 수 있었다. 눈이 오면 아이에게 모자를 단단히 씌

우고 목도리를 칭칭 감아 산책을 나갔다. 날씨가 좋지 않아도 용감하게 산책을 시도한 날에는 '이런 날에도 산책하는 아이와 엄마'를 본 이웃 엄마가 용기를 얻어 함께 산책을 하기도 했다. "날씨가 좋지 않아 밖에 나가지도 못해 무료했는데 반가웠어요"라면서 말이다. 비 오는 날, 눈 오는 날 산책하려면 꽤나 큰 결심이 필요한데 신기하게도 비와 눈을 맞기 시작하는 순간 상쾌해진다. 한번 시도해보길 바란다.

여름비가 내리는 날이라면 엄마도 아이도 비옷을 입고 비를 맞자. 매번 그럴 수는 없지만 한 번쯤 그러고 싶은 날이 생긴다. 비가 그치면 나는 아이와 함께 빗물 웅덩이 속을 뛰어다니며 옷을 다 버렸다. 자전거 바퀴를 굴려 돌아가는 바퀴를 따라 튀어 오르는 웅덩이 물도 맞았다. 보통 "지지~"라고 못 하게 하는 것들이지만 나는 아이가 만져보고 탐색하길 바랐다. 이런 활동적인 바깥 놀이는 내게도 큰 도움이 되었다. 신선한 공기가 콧속으로 들어가면 묵직한 머리가 상쾌해졌다. 아이도 온몸으로 놀고 돌아와 목욕을 하고 나면 밥도 잘 먹고 잠도 훨씬 빨리 자곤 했다.

우연이든 의도한 상황이든 이 같은 바깥 활동의 순기능은 아이를 키우는 부모라면 누구나 알고 있다. 다 알지만 해가 더할수록 황사나 미세먼지 등이 심해져 야외 놀이는 점점 줄어들 수밖에 없다. 그러니 시간과 여건이 될 때마다 바깥 놀이를 하길 바란다.

놀이터를 돌아다니는 것만으로도 아이는 몸을 스스로 써가며 성취감을 맛본다. 중간중간 부모가 자신을 지켜보고 있는지 확인하며 안정도 느끼지만, 놀이터에서 사회성을 배워간다. 친구, 동생, 형, 누나, 오빠, 언니와 함께 노는 법을 저절로 배운다. 놀이터든 놀이동산이든 키즈카페든 아이가 하는 놀이는 늘 하나, 뛰어다니기로 수렴하겠지만 말이다. 뛰어다닐 수만 있다면 뭘 더 바라겠나. 잘 먹고 잘 자는 것으로 자연히 이어질 텐데. 해도 그만 안 해도 그만인 "안 넘어지게 조심해!"라는 말은 삼키고 "오~! 씩씩하게 뛰는데!"라며 더 뛰도록 격려해주자. 잘 먹고 잘 잘 테니까 말이다.

아이에게는 모든 것이 놀이다

어린아이의 일상은 먹고 놀고 자는 것으로 요약할 수 있다(《베이비위스퍼》에서는 'Eat-Activity-Sleep-time for You'로 정리하여 EASY 일과라 부르고, 《똑게육아》에서는 '먹-놀-잠'으로 표현한다). 먹고 놀고 자는 게 제각각으로 보여도 실제로는 이렇듯 서로 밀접하게 연관되어 있다. 잘 놀아야 잘 먹고 잘 잘 수 있고, 잘 먹어야 잘 놀고 잘 잘 수 있고, 잘 자야 잘 먹고 잘 놀 수 있다.

어린아이에게는 아침에 깨서 인사하는 것도 놀이고 간식 먹는 것도 놀이다. 잠자는 연습도 놀이로 할 수 있다. 나는 이전에 쓴 책 《느림보 수면교육》에서 낮 놀이 시간에도 잠을 연습할 수 있고, 아이를 며칠 울리는 수면교육이라도 몇 주 전부터는 놀이 시간과 식사 시간을 통틀어 조금씩 준비할 수 있다는 의미에서 '나눠 하는 수면교육'이라는 말을 썼다. 나는 아이와 어떻게 의사소통하고 노느냐에 수면교육의 비결이 숨어 있다고 믿는다. 그런데 아이와 하는 의사소통과 놀이에 수면교육의 비결만 숨어 있는 게 아니다. 육아의 모든 비결이 숨어 있다. 놀이는 만능 패(와일드카드)인 셈이다. 육아에서 유머와 여유를 빼면 시체다. 유머와 여유는 바로 놀이에서 나온다.

아이 입장에서 일상을 바라보자. 아이에게 일상은 늘 새롭고 흥분되는 어드벤처다. 아이의 일상이 어드벤처라면 부모인 우리의 역할은 뚜렷하다. 부모는 어드벤처 월드의 가이드이자 동반자이며, 아이가 만나는 어드벤처를 아이의 언어로 통역해주는 통역사다. 아이가 어릴수록 통역사 역할이 중요할 수밖에 없다. 통역사? 아직 아이가 말을 못하는데 뭘 통역한다는 거지? 그렇다. 아이의 몸 신호와 울음 신호를 통역해야 한다. 놀이에 따르는 어려운 통역 기능에 더해, 일상에서 아이의 오감을 일깨울 수 있는 놀이를 추가할 수 없을지 한 번 더 생각해본다면 금상첨화다.

// 식사 시간도 놀이다

'식사 예절'이라는 말이 따로 있는 대한민국에서 식사와 놀이를 한데 묶어 말하기란 쉽지 않다. 하지만 아이에게 식사 시간은 관계의 시간이자 즐거운 시간이 되어야 한다.

아이가 태어나면 엄마 머릿속은 온통 하루 몇 시간을 재우고, 모유나 분유를 몇 번 몇 밀리리터씩 먹이며, 소변과 대변은 몇 번 어느 정도 양을 싸는 게 적당한지로 가득 차 있다. 상황이 이렇다 보니 식사 시간 즉, 수유 시간이 즐겁기란 쉽지 않다. 모유를 먹이는 엄마는 아이가 조금만 덜 먹어도 젖이 부족한 게 아닌지 걱정하고, 분유를 먹이는 엄마는 아이가 월령과 분유량 예시보다 조금만 덜 먹어도 노심초사다. 조금 덜 먹어도 괜찮고 예시는 예시일 뿐이라고 애써 생각해도 걱정이 쉽게 가라앉지 않는다는 건 안다. 그래도 조금은 아이의 본능을 믿어봤으면 싶다. 배고파 생존이 위험할 정도로 수유를 거부할 아이는 없다. 수유 간격이 걸림돌이긴 하지만 아이에게는 먹고 싶은 만큼 먹고 그만 먹고 싶을 때 그만 먹을 권리가 있다.

아이가 보내는 신호를 잘 읽자. 어쩌면 수유 시간은 훗날 아이와 하는 의사소통의 축소판인지도 모른다. 모유 수유에 관해서는 전문 컨설턴트가 따로 있고 책도 많아 내가 여기서 할 이야기는 많지 않지만, 분유 수유에 대해서는 하고 싶은 말이 있다.

모유 수유가 아무리 자연스럽고 장점이 많다 해도 모든 엄마가 할 수 있는 건 아니다. 분유는 젖병에 담아 먹이므로 아이가 먹는 양이 정확히 보이고 개인적인 감정도 섞이지 않아 강제로 먹이기 쉽다. 반면 모유 수유는 아이가 한 번 고개를 돌려 거부 의사를 표시하면 억지로 젖을 물리는 게 쉽지 않다. '젖'이 엄마 신체의 일부다 보니 엄마는 자존심이 상할 수도 있다. 하지만 전문가들은 이 부분을 오히려 모유 수유의 장점이라고 말한다. 아이는 먹고 싶은 만큼 먹되, 그만 먹고 싶을 땐 그만 먹을 수 있어야 하기 때문이다.

모유 수유 전문가들은 '분유를 먹는 아이와 엄마도 모유 수유의 장점을 최대한 누릴 수 없을지' 고민했다. 그 해법으로 'Paced Bottle Feeding 속도 조절 분유 수유' 또는 'Responsive Bottle Feeding 공감 분유 수유'으로 불리는 수유법을 제안했고 유니세프에서도 이 수유법을 소개하기 시작했다. 이 수유법의 주요 내용은 '아이의 신호를 잘 읽자'다. 젖병에 남은 분유를 보면서 다 먹이려는 욕심을 내지 말라는 말이다. 섭취량을 알 수 없고 아이의 신호에만 의존하는 모유 수유처럼, 아이가 그만 먹겠다는 신호를 보내면 그 신호를 제대로 통역하라는 말이다. 이 말은 먹이는 양보다 아이의 신호가 더 중요하다는 뜻이기도 히디.

아이는 태어난 지 백일쯤 되면 여기저기에 관심이 부쩍 늘어 좀처럼 수유에 집중하지 못한다. 이럴 때는 수유할 동안 아이의 오감을 만족시켜주는 수유 목걸이를 착용해보자. 수유 시간에 아이의 집중력을 높일 수 있는 한 가지 방법이다.

젖니가 나고 앉기 시작하는 4~6개월 차에는 이유식을 시작하게 된다. 이 시기 부모들의 고민은 하늘을 찌른다. 이유식을 어떻게 해야 한 숟가락이라도 더 잘 먹일 수 있을지 고민이다. 잘 먹는 아이를 둔 부모는 육아 성적표에 A$^+$라도 맞은 양 기뻐한다. 반면 덜 먹는 아이를 둔 부모는 세상이 무너지는 듯한 좌절감에 휩싸인다.

비행기 놀이로 아이에게 밥을 먹이는 팁이 유행한 적이 있다. 물론 지금도 여전히 유용한 팁이다. 아이 숟가락에 음식을 올려놓고, "비행기가 음식을 싣고 날아갑니다. 이 음식은 어디로 착륙할까요?"와 같이 흥미를 유발하는 말을 하면서 숟가락을 휙휙 나는 비행기처럼 보이도록 움직인다. 숟가락이 입에 가까워지면 아이가 자연스럽게 입을 벌리는데 이때 음식을 넣어주면 더 잘 먹는다는 거다. 비슷한 놀이로 '바나나 킥!' 놀이도 있다. 재미난 표정을 지으며 "바나나~"라고 말하고 "킥!"에 아이 입이나 부모 입으로 음식이 들어간다. 누구에게 음식이 착륙할지 아이가 기대하게 만드는 것이다.

일부 전문가들은 이런 식사 놀이가 아이를 즐겁게는 하지만 먹는 부담을 줄여주지는 못한다며 권하지 않는다. 그렇다 해도 우리는 식사 놀이를 오래도록 유용하게 써먹어 왔고 효과를 본 적도 많다. 손해 볼 건 없으니 해보고 효과가 있다면 한동안 지속해도 좋다. 어차피 그 효과도 오래 가지 않으니 말이다.

놀이가 아니더라도 아이에게 탐험 욕구를 채워주면서 다양한 음식을 맛볼 수 있도록 돕는 '아이 주도 이유식'도 많이 활용하고 있다. 잘 먹지 않는 아이도 음식을 마음대로 만지고 맛보는 자유가 생기면 주도성과 자율성이 채워져 음식을 좀 더 잘 먹게 된다. 안 먹는 아이를 100% 잘 먹게 하는 해결책은 아니지만 100% 떠먹여주는 것보다는 훨씬 낫다. 기본적으로 주도성은 길러질 것이고, 덤으로 잘 먹으면 바랄 게 없을 테니 말이다. 만약 음식으로 장난만 치고 입으로 들어가는 건 거의 없는 아이라면 아이 주도 이유식용 음식과 떠먹여줄 음식을 따로 마련해 음식 탐험을 하는 동안 떠먹이는 방법도 있다.

식사할 때 중요한 것은 식사 놀이나 아이 주도 이유식 자체가 아니라 아이가 즐겁다고 느끼는 것이다. 식사 시간만큼은 즐거워야 한다. 그것만은 꼭 기억해두자.

// 보고 도와주려는 것도 놀이다

아이에게는 내일매일의 일상이 새로운 어드벤처라 세탁기나 청소기를 돌리고, 설거지를 하거나 냉장고에서 음식을 꺼내고 집어넣는 일도 재미있어 보인다. 실제로 아이에게 직접 하라고 하면 무척 재미있게 하곤 한다. 물론 잘하길 기대해선 곤란하다. 엄마가 집안일을 하면 아이는 하고 싶어 하고 돕고 싶어 한다. 아이에게는 집안일도 놀이처럼 보이기 때문이다. '크면 하기 싫어도 해야 하는데 벌써부터 집안일을 하게 하고 싶지 않다'라는 마음이 들겠지만 아이는 집안일을 하는 게 아니다. 놀이를 하는 거다. 집안일하는 기분이 드는 나이가 되면 하라고 해도 하시 않는다. 그러니 아이에게 일부러라도 집안일을 시키자. 아이에게는 집안일이 곧 놀이니 말이다.

어린아이라면 집안일을 하고 싶어도 할 수 없다. 아이가 다른 놀이를 하지 않고 엄마가 하는 일을 빤히 바라볼 때가 있다. 이럴 때는 집안일을 하면서 아이에게 말을 건네보자. 지금 무엇을 하는지, 왜 하는지, 언제 끝나는지 말해도 아이는 이해하지 못하지만 마치 알아듣는 것처럼 어떤 식으로든 응답할 것이다. 게다가 곧 아이가 엄마의 말을 이해할 날이 온다.

// 관찰과 탐험이야말로 놀이다

아이는 앉거나 일어서지 못하고 가만히 누워만 있을 때조차도 탐험가다. 아이가 자기 손을 신기한 듯 빤히 바라보는 모습을 떠올려보자. 바라보는 것으로 끝나지 않는다. 입으로 가져가 쪽쪽 빨며 더 깊게 탐험한다. 뒤집기가 가능해지면 아이의 시야가 넓어진다. 이쯤 되면 뒤집고 되뒤집으면서 손을 뻗어 닿는 모든 것을 눈과 입으로 탐험한다. 기기 시작하면 행동반경이 넓어진다. 이때는 관찰과 탐험도 중요하지만 아이가 위험해 보이는 시도를 할 수 있으므로 말과 행동으로 제지하는 것도 중요하다. 당연히 이 시기 엄마들은 "안 돼!"를 입에 달고 산다. 어쩔 수 없는 시기다. 아이에게 안전한 환경을 먼저 만들어주고 "안 돼!"는 꼭 필요할 때만 쓰도록 하자. 다만, 써야 할 때는 주저하지 말자. '안 돼'는 적절하게만 쓰면 꼭 필요한 말이다.

// 목욕 시간도 놀이다

태어날 때부터 목욕을 좋아하는 아이도 있지만 싫어하는 아이도 있다. 싫어하는 아이라면 옷을 입힌 채로 혹은 속싸개로 싸서 욕조에 눕혀 물의 감촉을 느끼게 하자. 감촉에 익숙해졌다 여겨지면 옷이나 속싸개를 조금씩 벗겨가며 목욕을 시켜보자. 동요를 틀어 청각적 관심을 유도하거나 백색소음을 내서 청각 자극을 최소화하는 것도 도움이 될 수 있다.

목욕을 싫어하던 아이도 몸을 움직일 때 물이 튀어 오르는 걸 반복해서 경험하면 점차 즐거워한다. 이때쯤 목욕 장난감을 욕조에 넣어주자. 물 위에 동동 뜨는 오리도 좋고, 물고 빨며 가지고 놀다가 물도 담았다 흘려보내며 놀 수 있는 플라스틱 컵도 좋다. 물론 이렇게 놀 때도 말을 건네는 걸 잊지 말자. 대화를 하듯 따뜻한 말을 건네도 좋고, 장난감을 의인화해서 인형 놀이를 하듯 말해도 좋고, '첨벙첨벙', '동동동', '싹싹싹' 같은 의태어나 의성어를 섞어서 말해도 좋고, 목욕과 관련한 노래를 불러도 좋다. 신나는 노래와 다정한 말은 목욕 시간을 즐겁게 할 뿐만 아니라 힘도 덜 들게 한다.

// 잠드는 시간도 놀이의 연속이다

잘 놀아야 잘 먹고 잘 자듯, 잘 자면 기분이 좋아져 잘 논다. 별 다른 이유가 없는데 어린아이가 유난히 짜증을 내면 주위 사람들이 아이 엄마에게 "잠을 못 자서 그래요"라고들 하지 않나? 잘 놀려면 그 전에 잘 자야 한다.

어린아이를 잘 재우는 비결 중 으뜸은 누가 뭐래도 수면의식이다. 수면의식은 졸린 아이를 침대에 바로 눕혀 재우는 게 아니라, 졸릴 시간이 되면 아이가 졸린 신호를 보내든 보내지 않든 일정한 서너 가지 활동을 매일 반복하는 것이다. 그러면 아이 두뇌는 점차 이 활동을 인식하며 잠이 들 준비를 한다. 물론 이 활동을 아이 두뇌가 인식하기까지 시간이 걸리지만 일단 인식하기 시작하면 그때부터는 효과가 바로 보인다. 별로 졸려 보이지 않던 아이도 수면의식을 진행하면 하품을 하는 등 아이 몸이 준비하는 것을 눈으로 확인할 수 있다. 파블로프의 개 실험은 개에게 먹이를 주기 전에 종소리를 들려줬더니 나중에는 종소리만 들어도 먹는 시간으로 알고 침을 흘린다는 내용이다. 수면의식도 파블로프의 종소리와 비슷하다.

수면의식은 한번 정착되면 오랫동안 유지해야 하므로, 엄마와 아빠도 할 만하고 아이도 즐길 만한 활동으로 서너 가지 정해보자. (나는 '목욕-마사지-책 읽기'를 수면의식 3종 세트라고 부른다. 미국소아과학회에서는 치아 건강을 고려하여 '양치Brush-책 읽기Book-침대Bed' 세 가지를 BBB 수면의식이라고 부른다.)

잠투정에 대응하느라 너무 애쓰지 말고 수면의식을 만들어 잠투정이 시작되기 전에 적극적으로 대처하자.

━━━━━━━ : 수면의식으로 좋은 열 가지 활동 : ━━━━━━━

- 목욕, 얼굴 씻기, 양치질, 마사지와 베이비 요가, 기저귀 갈기(마지막 쉬)
- 잠옷 (선택하고) 갈아입기, 책 (선택하고) 읽기, 하루 생활 이야기하기
- 자장가를 불러주거나 틀어주기, 굿나잇 뽀뽀

그래도 아이가 가장 좋아하는 건 엄마와 아빠다

아이에게 이런저런 놀이를 해주고 훌륭한 장난감을 건네준다 해도 결국 아이가 가장 좋아하는 건 엄마와 아빠다. 어린아이가 마구 울어대다가도 엄마나 아빠 얼굴이 보이면 울음을 뚝 그치는 걸 본 적이 있을 것이다. 운이 좋으면 활짝 웃는 표정을 볼 수도 있다. 인간을 비롯한 거의 모든 동물에게서 나타나는 모습이다. 어미 사자가 한가로이 누워 있으면 태어난 지 얼마 안 된 새끼들은 어미 등을 타고 올라 떨어지고 뒹굴기를 반복하며 균형 잡기를 하지 않던가. 세상에 부모만큼 안전하고 편안한 대상이 어디 있겠는가?

아이에게 최고의 놀이이자 장난감은 엄마와 아빠다. 까꿍 놀이, 말 태워주기, 간지럼 놀이, 발 비행기 놀이는 아무리 비싼 장난감도 엄마 아빠 대신 해주지 못한다. 육아 로봇이 생겨도 결코 해주지 못할 놀이다. 이런 놀이는 사람만 해줄 수 있는 놀이다.

이런 사람 놀이로 간단 마사지, 까꿍 놀이, 비행기 태우기, 곤지곤지, 짝짜꿍, 말 태워주기, 함께 기어다니기, 이불 돌돌 말기, 숨바꼭질 등이 있다. 이런 놀이를 할 때는 어린아이와 엄마 아빠가 얼굴과 눈을 마주하고 서로 바라보며 소통을 한다. 아이가 엄마 아빠에게, 엄마 아빠가 아이에게 서로 집중하는 효과가 있다. 이런 놀이를 하면서 소리를 내면 아이는 그 소리에 관심을 보이고 소리에 담긴 의미를 파악한다. 아이 얼굴을 손수건으로 가렸다가 "까~~꿍" 하고 손수건을 치우면서 "짠" 하고 얼굴을 보여주면, 아이가 처음엔 어리둥절하더라도 "까~~꿍" 소리에 익숙해져 그 놀이를 즐기기 위해 기다린다. 눈을 반짝이며 웃음을 참다가 엄마 아빠 얼굴이 나타나고서야 웃음을 터트린다. 기다림의 대가가 마치 엄마 아빠 얼굴이었다는 듯 말이다.

곤지곤지 놀이처럼 짧고 단순한 움직임이 반복되는 놀이는 아이가 인식하는 데 오래 걸릴 수 있다. 하지만 반복해서 보여주면 어느 순간 아이는 패턴을 인지하고 따라 한다. 나중에는 손동작 없이 "곤지곤지" 말만 해도 아이는 곤지곤지에 맞는 손동작을 한다. 이런 놀이를 할 때도 아이 신호를 잘 알아채서 번역해야 한다. 무작정 많이 한다고 좋은 게 아니다. 한번 해보고 아이가 흥미를 보이는지, 아이가 시도를 하려고 하는지 잘 살펴보자. 10개월 이전 아이는 자주 보여줘도 아직 따라 하기 어려울 수 있지만, 10개월쯤 된 아이는 패턴을 인지하기 때문에 훨씬 적극적으로 반응을 보인다.

놀이는 아이가 사회적·정서적으로 성장하는 데 매우 중요하다. 놀이는 아이와 엄마 아빠, 아이와 형제자매 사이의 애착을 끈끈하게 해준다. 또한 다양한 방법으로 엄마 아빠와 아이가 서로의 언어를 배우게 한다. 엄마 아빠는 아이가 주도적으로 움직이며 노는 걸 보면서 아이 관점에서 세상을 바라보게 되므로 아이를 좀 더 잘 이해할 수 있다. 아이는 또 그런 엄마 아빠 덕분에 자신을 잘 이해할 수 있도록 자신의 언어와 행동을 두려움 없이 표현할 수 있게 된다. 놀이로 엄마 아빠와 아이는 서로 소통하는 법을 배우고 가르친다.

아이는 엄마 아빠랑 아무것도 안 해도 (말 그대로 '애만 보고 있어도') 충분할 때가 있다. 말을 하지 못할 때는 그냥 엄마 아빠 옆에서 뒹굴뒹굴 방구석을 파고 있는 것만으로도, 말을 거침없이 할 때는 "심심해"라며 뒹굴거리는 것만으로도 충분할 때가 있다. 어떻게 놀아야 할지 몰라 막막할 때는 내 안에 있는 어린아이를 떠올려 몸으로 놀아주자. 아무리 못 노는 엄마 아빠라도 아이에게는 최고의 놀이이자 장난감이라는 걸 잊지 말자.

그래도 엄마는 가끔 쉬고 싶다

어린 새끼 사자가 어미 몸을 타고 노는 모습은 참으로 포근하고 따뜻해 보인다. 하지만 육아로 지쳐 있을 때는 '제발, 엄마 좀 가만히 두지' 하는 마음이 들기도 한다. 큰아이가 꽤 어릴 때 장거리 버스 여행을 한 적이 있다. 아이가 혹시라도 떼를 쓰거나 울면 다른 승객에게 피해를 줄까 싶어, 최대한 목소리를 낮췄지만 잠시도 쉬지 않고 아이와 수다를 떨었다. 한참 말 배우는 아이가 얼마나 수다쟁이인지는 엄마라면 모두 알 것이다.

하늘에 떠 있는 뭉게구름 이야기도 하고, 휴대폰 속 사진을 보며 추억에 잠기기도 하고, 어린이집 친구와 선생님 이야기도 하고, 간단한 말 게임과 노래를 하기도 하고, 아이의 호기심 어린 질문에 답변을 이어가기도 했다. 목적지에 도착했을 즈음, 바로 앞에 앉아계시던 아주머니께서 말씀하셨다. "아가,

너 참 대단하다. 조잘조잘, 엄마를 잠시도 쉬지 않게 하는구나." 엄마를 쉬지 않게 한다는 말에 이미 자녀가 성인이 되었을 이 아주머니의 삶이 녹아 있는 듯한 기분이 들었다. 나만 그런 게 아니라, 이 분도 쉬고 싶은 적 많으셨겠구나 싶었다. 물론 지금은 너무 한없이 쉬고 계셔서 서운하시겠지만 말이다. 맞다. 나도 그 버스 안에서 쉬고 싶었다. 눈을 감고 자고 싶었다. 하지만 내 아이는 평소 자는 시간이 아니면 그곳이 어디든 잠들지 않았다. 적어도 대중교통을 이용할 때만큼은 조용히 잠들어주면 좋겠는데 결코 예외는 없었다.

이런 경험이 어디 한두 번이랴. 엄마는 아이와 24시간 붙어 있다. 어떨 땐 화장실이라도 좋으니 잠깐이라도 떨어져 있고 싶다. 화장실에 혼자 느긋하게 가는 것마저도 엄마에게는 커다란 호사다. 화장실에 느긋하게 혼자 다녀올 수 있는 시기가 오면 육아의 다른 페이지가 열린다고 하는데, 실제로 겪어보니 정말 다른 페이지가 열렸다.

왜 먹고 싶은 과자는 엄마가 화장실에 가야만 떠오르는지 도통 알다가도 모를 일이다. 화장실 변기에 앉아 있는데, "엄마, 이거 과자 봉지 열어줘", "엄마, 우유 좀 따라줘", "엄마, 이 레고 다 풀어줘" 등등. '왜 꼭 엄마가 화장실에 오면 그런 게 생각 나냐고!' 불평해봐야 소용없다. 소용은 없어도 일단 불평은 한다. 그리고 혼자 생각한다. 엄마가 없으면 대신 채워줄 뭔가가 필요한 걸까?! 화장실에 잠깐 다녀오는 순간에도? 그러면서 '이놈의 인기는…' 하며 달가움 반, 지겨움 반의 자학개그를 한다. 올해 초등학생이 되는 내 둘째 아이는 여전히 이런 증상을 나타내고 있다. 그러니 이쯤에서 경고해둔다. 여러분의 화장실 방문은 아이에게는 빅 이벤트다.

　그래도 빅 이벤트니까, 화장실에도 가지 말고 꼬박 10~12시간을 아이와 함께하며 놀아주라고 말하지는 않을 것이다. 아이에게는 엄마 아빠가 함께하며 가이드해주는 놀이가 필요한 만큼, 아이 스스로 원하는 놀이를 정하고 혼자 노는 놀이도 분명히 필요하기 때문이다. 그런데 아이에게 혼자 노는 시간이 필요하다고 말하면 의외로 "그런 혼자 놀이는 되도록이면 하지 않게 해야죠"라는 대답을 자주 듣는다. 혼자 노는 시간은 아이를 방치하는 시간이 아니다. 엄마만을 위한 시간은 더더욱 아니다.

아이에게
혼자 놀기를 허하라

혼자 놀면서 아이는 자신의 취향과 관심사를 찾게 되고 자신만의 관점에서 세상을 탐험할 수 있게 된다. 혼자 놀이는 아이의 자아 형성에도 도움을 준다. 엄마 아빠가 안전하고 견고하게 놀이 환경을 만들어주고 스스로 탐험하는 법을 하나씩 보여주며 버팀목 역할을 하면, 처음엔 혼자 할 수 없던 아이도 버팀목에 의지해서 하나씩 해나가고 나중엔 버팀목이 없어도 스스로 그 환경을 만들어 극복해나간다. 아주 어린아이가 아니라면 24시간 내내 엄마 아빠가 아이에게 바짝 붙어서 버팀목이 되어줄 필요는 없다.

다만, 그러려면 안전하고 견고한 놀이 환경이 먼저다. 그 놀이 환경에는 아이 연령에 적절한 장난감도 포함된다. 나는 각 가정에 아이를 위한 놀이방이 따로 있어야 한다고 생각하지 않는다. 나는 오히려 장난감 미니멀리스트에 가깝다. 그렇지만 장난감 없이는 육아를 할 수 없다. 장난감은 아이의 혼자 놀이에 아주 유용하기 때문이다. 엄마 아빠가 최고의 장난감이라도, 장난감 역할을 할 수 없을 때나 하고 싶지 않을 때는 장난감이 절대로 필요하다.

아이의 혼자 놀기 신공을 쌓아주는 팁을 소개하면 다음과 같다.

// 1. 월령에 맞는 혼자 놀기를 찾자

아이가 태어나서 좀 지나면 자기 주먹을 뚫어지게 쳐다보며 쪽쪽 빨다가 다시 눈앞에 나타난 주먹을 뚫어지게 쳐다보는 걸 반복한다. 이때는 5~10분 혼자 누워 있게 하는 것만으로도 충분하다. 터미타임(배로 엎드리기)을 아직 못하는 아이라면 터미타임을 해주면서 아이 시야를 바꿔주면 좋다. 뒤집기를 시작한 아이라면 혼자 놀기 시간이 좀 더 늘어난다. 기기 시작하면 15~30분 정도 혼자 놀고, 걸어 다니기 시작하면 이것저것 상관하면서 30~60분 정도 혼자 놀 수 있다. 사실 얼마만큼 혼자 놀아야 하느냐는 중요하지 않다. 가정마다 아이마다 조금씩 다르다. 아이가 자라면서 혼자 놀이 시간이 점점 늘어나면 그것으로 충분하다. 처음에는 아이가 아주 어릴 때부터 혼자 놀 기회를 주고 짧게 시작하라. 5분부터.

// 2. 혼자 놀기에 적절한 환경을 만드는 게 먼저다

'안전'한 환경은 기본 중 기본이다. 더불어 놀이 영역도 다음 그림처럼 여러 구역으로 나누면 좋다. 엄마를 찾아오다가 새로운 놀이 영역을 만나면 거기서 또 다른 흥미를 찾을 수도 있도록 말이다.

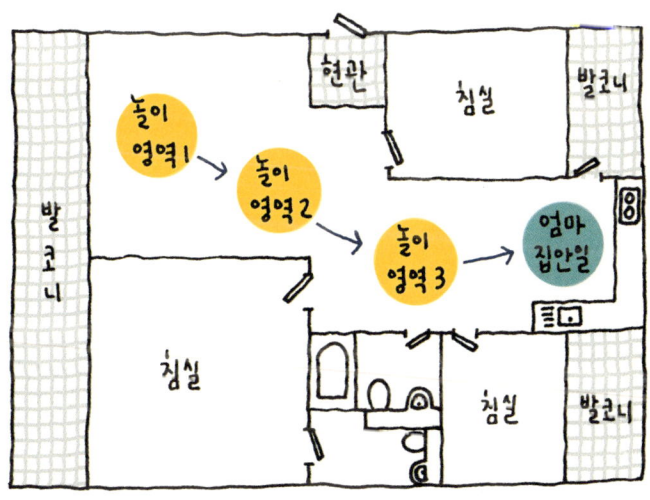

환경뿐 아니라 월령에 맞는 장난감을 준비해두면 더 좋다. 월령에 적합한 장난감이라면 아이가 가지고 놀도록 마음 편히 둘 수 있으니 말이다.

// 3. 혼자 놀기도 일과로 만들자

아이를 키우고 아이에 대해 배우면서 많이 놀라는 것 중 하나는 일과가 아주 편하더라는 사실이다. 예전에는 일과가 정해진 사람을 보면 꽉 막히고 융통성이 없어 보였는데 아이를 키우면서 생각이 달라졌다. 나 역시 일상에서 벗어나는 걸 좋아하지 않는 사람이었다는 걸 깨닫기까지 했다.

아이 때는 두뇌가 발달하느라 매우 바쁘기 때문에 예측 가능한 일과를 두뇌는 더 편하게 느낀다. 아이들은 일과를 좋아한다. 흔히 일과라고 하면 오해하곤 하는데 일과는 몇 시부터 몇 시까지는 수유를 하고 몇 시부터 몇 시까지는 잠을 자야 하는 등의 스케줄과 다르다. 아이의 일과는 대략 이렇다. 아이는 아침에 일어나면 얼굴을 씻고 아침을 먹는다. 아침을 먹고 나면 양치를 하고 엄마 아빠는 집 정리를 한다. 엄마 아빠는 집 정리를 마치면 아이와 함께 논다. 아이와 잘 놀고 나면 엄마 아빠는 설거지를 한다. 엄마 아빠가 설거지 하는 동안 아이는 혼자 논다. 엄마 아빠가 설거지를 마치면 아이는 낮잠을 잔다…. 이런 흐름 중심의 일과를 말한다.

자기계발 전문가인 제임스 클리어는 《아주 작은 습관의 힘》에서 기존 습관에 좋은 습관을 덧붙여 '루틴'을 만들라고 한다. 이처럼 기존 일과에 놀이 일과를 덧붙여 놀이 루틴을 만들면 일과가 된다. 일반적으로 놀이 루틴은 아이가 잠을 잘 자고 나서 수유나 이유식을 먹은 후가 좋다. 생체리듬으로 볼 때 아이도 이때 기분이 좋고 신체 활동성도 좋기 때문이다. 아이가 말을 알아듣지 못하더라도 "우리 ○○이 잠도 푹 자고 밥도 맛있게 먹었구나. 그럼 이제 신나게 놀아볼까?"라고 말을 건네어보자.

―――――― : 습관 쌓기 공식 : ――――――

'현재 습관'을 한 후에,
'새 습관'을 한다.

《아주 작은 습관의 힘》 중에서

// 4. 처음에는 함께 하다 서서히 빠져라

아이와 놀이를 시작할 때는 장난감을 같이 만져주는 등 놀이를 함께 할 수밖에 없다. 그러다가 아이가 장난감에 관심을 보이면 조금 물러선다.

아이와 장난감 전화 놀이를 한다고 아이가 꼭 번호를 눌러 진회하는 흉내를 내야 하는 건 아니다. 스마트폰 장난감에 달린 줄에 관심을 보일 수도 있고, 장난감 몸통 맛보기에 열중할 수도 있다. 물러서서 보면 엄마 아빠는 이전에 몰랐던(?) 스마트폰 장난감의 새로운 용도를 발견하기도 한다.

아이가 일단 뭔가에 집중하면 혼자 놀이의 흐름을 깨지 않는 게 좋다. 분리불안 시기에는 혼자 잘 노는 듯 하다가도 엄마가 눈에 안 보인다고 칭얼대며 울 수도 있다. 그런 시기에는 아이가 잘 놀고 있어도 가끔씩 엄마가 계속 지켜보고 있다는 신호를 주는 게 나을 수 있다. 하지만 일반적인 경우에는 혼자 놀이의 흐름을 굳이 깰 필요가 없다.

놀이를 시작하기 전에 알아야 할 몇 가지 이야기

"놀면 뭐해. 하나라도 배워야지." 부모가 흔히 하는 말 중 하나다. 하지만 어른조차 '노는 만큼 성공한다'고 하는데 아이는 오죽할까? 놀이는 결코 시시한 게 아니다. 놀이는 그 자체가 두뇌 발달이다.

// 놀이 자체가 두뇌 발달이며 놀이는 스트레스를 잘 다루도록 돕는다

2018년 미국소아과학회에서는 〈놀이의 힘: 영유아 발달 증진을 위한 소아과의 역할 The Power of Play: A Pediatric Role in Enhancing Development in Young Children〉을 통해 놀이의 힘을 이야기한다. 이 중 눈여겨볼 만한 내용을 요약하면 다음과 같다.

실제로 동물 실험으로 밝혀진 바에 따르면 놀이는 두뇌에 많은 영향을 끼친다. 몸 놀이는 생각하고 상호작용을 처리하는 두뇌 부분에 장기적으로 영향을 끼친다. 전두엽과 후두피질 부위 유전자 중 1/3이 30분 놀이만으로도 크게 변화를 일으켜 장기기억과 사회적 배움에도 좋은 영향을 미친다. 또한 하루 두 시간 놀이로 두뇌의 무게와 효율성이 크게 증가해, 문제해결력과 자신감도 향상된다. 놀이를 통해 동물들은 새로운 것을 시도하는 방법을 배우고 행동의 유연성을 기른다.

아이들에게 놀이는 호기심을 강화시켜 기억력과 학습을 용이하게 한다. 호기심이 많은 20대 초반의 건강한 성인을 대상으로 한 기능성 MRI 결과를 보면 중뇌와 핵의 활동이 활발해지고 해마와 기능적 연결성이 강화되는 걸 알 수 있다. 이는 내재적 동기부여와 해마 의존적 학습 사이의 연관성을 분명하게 보여준다.

놀이는 인생의 중요한 전환기에도 스트레스를 줄이는 역할을 톡톡히 한다. 어린이집 적응이 힘든 만 3~4세 아이들을 무작위로 나눈 후 한 그룹은 15분 동안 장난감이나 친구들과 놀게 하고, 다른 한 그룹은 15분 동안 선생님이 책을 읽어주었다. 그 결과 장난감이나 친구와 논 그룹 아이들의 불안감이 2배 이상 감소했다. 또한 행동 조절에 어려움을 겪는 어린이집 아이들을 대상으로 1년 동안 선생님과 1:1 놀이를 하면서 아이의 행동과 감정에 대해 이야기를 나누게 했더니, 그렇지 않은 아이들에 비해 스트레스 수치가 낮아졌을 뿐 아니라 문제 행동도 크게 개선되었다.

어린아이들을 대상으로 할 수 없는 연구는 동물 실험으로 추측하기도 하는데, 인위적으로 불안을 심어준 쥐들을 활발한 쥐와 거칠게 놀게 했더니 불안했던 쥐들도 평온해지고 침착해졌다고 한다.

보고서에서도 알 수 있듯이 놀이는 삶에서 어쩔 수 없이 발생하는 스트레스에 대한 완충제 역할을 한다.

// "엄마 심심해"라는 말에 미안해하지 말자

책 읽기, 만들기, TV 보기, 놀이터에서 놀기, 노래하기, 음악 듣기 등의 즐거운 놀이는 아이의 신체뿐 아니라 정서·인지·사회 적응력 발달에 꼭 필요하고 중요하다. 더불어 아이에게는 '심심한' 시간도 꼭 필요하다. 아이가 심심하다고 칭얼대면 엄마 아빠는 그 심심함을 채워줘야 한다는 의무감과 심심하도록 내버려뒀다는 자책감에 시달린다. 의무감과 자책감에서 벗어나자. 심심한 시간을 결핍으로 보기보다 '뭔가 스스로 생각해낼 기회'로 바라보자.

심심한 시간이 필요하다고 해서 명상을 해야 한다거나 멍 때려야 한다는 말이 아니다. 심심함을 달래주기 위해 뭔가를 늘 고안해줄 필요는 없다는 말이다. 아이는 심심하면 자기 내면을 들여다보게 되고, 자신이 좋아하는 뭔가를 끄집어낸다. 이는 자기 인식에 도움이 된다. 또는 이미 있는 것을 달리 바라보기도 한다. 이 과정에서 엄마 아빠는 아이의 심심함을 달래주기 위해 TV나 스마트 기기를 이용하지 않도록 노력하는 게 좋다.

아이가 심심해하면 마음과 생각이 가는 대로 놔두는 게 정서적 웰빙에 도움이 된다. 아이는 자신의 시간을 자기 마음대로 보내면서 창의력과 상상력을 발휘한다. 꼭 아이에게만 해당되는 이야기는 아니다. 어른에게도 무의식의 흐름이 상상력과 창의력에 도움이 된다.

세계경제포럼에서 배포한 페이스북 영상 중 "좋은 부모가 되고 싶으세요? 아이를 심심하게 해주세요"라는 영상이 있다. 이 영상은 오천만 뷰를 넘는 화제의 영상이 되기도 했다. 영상에 나온 것처럼 좋은 부모가 되기 위해 일부러 아이를 심심하게 할 필요는 없지만, 적어도 아이의 "심심해"를 해결해줘야 할 무언가로 받아들이진 않아도 된다는 말이다.

출처 https://www.facebook.com/worldeconomicforum/videos/10153855961346479/

= : TIP : =

아이에게 심심한 시간이 좋다고는 해도 아이디어 상자를 만들어두면 심심한 시간을 보내는 데 도움을 줄 순 있다. 신발 상자 크기만 한 상자에 아이가 좋아할 만한 놀이를 적은 카드를 여러 장 넣어둔다. 인형 옷 입히기, 핑거 페인팅, 플레이도우, 음악 틀고 춤추기 등을 카드 한쪽에 글로 쓰고 다른 한쪽에 글을 못 읽는 아이를 위해 그림을 그려둔다. 심심한 시간이 되면 이 상자를 꺼내 아이에게 카드 한 장을 선택하게 하고, 선택한 놀이를 하는 게 규칙이다. 선택한 놀이를 아이가 하기 싫어하면 다른 카드를 선택하게 하면 된다

// 놀이에도 발달 단계가 있다

태어날 때부터 아이가 소심하다고 느끼는 분에게 자주 듣는 말이 있다. "아이가 친구랑 같이 안 놀고 옆에서 쳐다보고만 있어요" 또는 "같이 안 놀고 따로 놀아요"다. 이 뒤에 나오는 말은 "애가 사교적이지 않은 것 같아요. 어떻게 하면 친구들이랑 스스럼없이 사이좋게 놀 수 있을까요?"다. 어른과 마찬가지로 아이들도 기질이 모두 다르고 혼자 있거나 혼자 노는 걸 선호하는 아이가 있다. 또는 부모가 보기에 혼자 노는 것처럼 보일 뿐 사실은 함께 잘 노는 것일 수도 있다. 부모가 아이의 놀이 발달 단계를 몰라서 그렇게 느끼는 경우도 많다.

물론 놀이 발달 단계가 교과서처럼 월령별로 딱딱 구분되지는 않는다. 해당 시기에 일반적으로 나타나는 놀이의 형태일 뿐이니 너무 얽매이지 않는 게 좋다.

1단계 / 목적 없는 무작위 놀이 (만 0세)
자기도 모르게 하는 자기 몸의 움직임을 통해 자신이 할 수 있는 일을 알아가는 단계다. 놀이에 뚜렷한 목적은 없다. 아동발달심리전문가 이보연 선생님은 이 단계를 '보는 단계'라고 부른다.

2단계 / 혼자 놀이(만 0~2세)

놀이를 함께 하면 더 재미있다는 걸 아직 잘 모르는 단계다. 이보연 선생님은 '혼자 놀이' 단계 전에는 '원조 놀이(어른이 도와줘야 놀 수 있는)' 단계가 있다고 말한다. 이 단계 아이는 주로 혼자 논다. 친구와 같이 놀지 않는 건 물론, 친구가 자신의 장난감을 만지거나 가지고 노는 것도 아주 싫어한다.

3단계 / 방관자 놀이(만 2~2.5세): 쳐다보기만 하는 놀이

'너는 그렇게 노는구나' 하고 쳐다보는 단계다. 흔히 이 모습을 보고 부모는 '우리 애는 소심해서 같이 놀자고 뛰어들지도 못하고 마냥 부러워 쳐다만 보는구나'라고 생각한다. 하지만 이 단계 아이는 대부분 관찰만 할 뿐 참여하지는 않는다. 짧은 기간 동안 보이는 행동으로, 대부분의 아이들이 거치는 단계다.

4단계 / 병행 놀이(만 2.5~3세): 전혀 모르는 사람인 듯 옆에서 따로 노는 놀이

다른 아이와 함께 있긴 하지만 남남처럼 따로 논다. 친하지도 않은 애를 괜히 붙여놨나 싶은 생각이 드는 단계다. 어른 눈으로 보면 매우 서먹서먹해 보인다. 서로 다른 장난감을 가지고 놀기 때문에 혼자 노는 것처럼 보일 정도다. 이때 아이 엄마는 지레 "우리 애가 놀 줄 몰라서 함께 놀지는 못하네요. 우리 애가 조금 소심해요"라고 이야기한다. 소심한 게 아니라 그런 시기다.

5단계 / 연합 놀이(만 3~4세): 같은 장난감을 가지고 노는 놀이

같은 장난감을 가지고 놀기도 한다. 얼핏 보면 함께 잘 노는 것처럼 보일 때도 있다. 그런데 자세히 보면 한 아이는 블록으로 성을 쌓고, 다른 아이는 같은 블록으로 도로를 만든다. 어른들이 보기엔 '저렇게 따로 놀 건데 뭐 하러 함께 있지?' 싶을 정도다. 아이들은 드러내지 않지만 여럿이 모여 노는 걸 좋

아한다. 실제로 아이가 친구들과 따로 놀았던 게 분명한데 집에 돌아와 "굉장히 즐겁게 놀았다"라고 말해 의아했다는 엄마들을 자주 만난다.

6단계 / 협동 놀이(만 4~6세): 진짜로 함께 논다!

어떤 놀이를 할지 정하고 놀이 규칙을 정해서 함께 노는 성숙한 놀이 단계다. 누가 봐도 놀이다운 놀이를 하는 걸로 보인다.

추가로 알아둘 것

가만 생각해보면 당연한 이야기인데
정작 아이를 키우고 놀 때는 잘 보이지 않는 것들이 있다.

❶ 계획하더라도 계획대로 되리라는 기대는 하지 말자

아무런 계획도 하지 말라는 의미는 아니다. 소근육을 발달시키겠다거나 인지력을 높이겠다는 등 굳이 목표를 정하지 않아도 된다는 의미다. 아이의 창의성은 어른을 능가한다. 아이는 엄마 아빠가 계획한 대로 움직이지 않지만 어떤 식으로든 더 성장한다. 아이들은 놀이의 천재다.

❷ 놀이를 시작하기 전에 놀이 재료를 탐험할 시간을 충분히 주자

어떤 재료를 가지고 무슨 놀이를 하겠다는 계획이 있더라도 먼저 재료를 마음대로 만지고 탐험할 시간을 준다.

❸ 재료는 감당할 수 있을 만큼만 꺼내 놓자

아이들은 어지럽히기 선수다. 아이가 움직이면 청소한 지 5분 만에 그날 전혀 청소 안 한 집처럼 만들 수 있다. 많이 꺼내 놓으면 아이가 더 오래 놀 것 같지만, 집중력이 떨어져 오래 놀지도 못하고 치울 것만 많아진다.

❹ 아이가 어릴수록 집중할 수 있는 시간은 짧으니 정성 들여 준비하지는 말자

엄마 아빠가 의도한 놀이를 2~3분 하고는 관심을 안 보일 수도 있다. 그러니 한 놀이를 준비하는 데 지나치게 정성을 쏟지 말자.

❺ 아이가 하는 대로 두고 보자

방법을 너무 알려주려 하지 말자. 아이가 하는 대로 보고만 있어도 된다. 안전한 환경과 재료가 마련되었다면 아이가 바쁘게 움직여 알아서 놀게 해도 좋다. 물론 그렇다 해도 언제 무슨 일이 일어날지 모르니 중간중간 확인하자.

❻ 간식 시간은 놀이 시간을 늘려준다
한 놀이에 관심이 떨어질 즈음 간식을 준비한다. 간식을 먹은 후에 새로운 에너지와 시선으로 동일한 놀이를 재미있게 하기도 한다. 가끔은 간식을 이용하자.

❼ 놀이에 동참하지 않더라도 가까이서 지켜보자
뾰족하거나 작아서 삼키기 쉬운 물건 등 위험한 물건을 아이 근처에 두지 말고, 아이가 놀 때는 옆에서 지켜보며 언제라도 대응할 준비를 해야 한다.

❽ 아이만의 상자를 마련하자
국자·뒤집개·거품기 등 깨지지 않는 주방 용품을 담은 상자 하나, 여기저기 흩어져 있는 풀·가위·테이프·플레이도우·크레용·마커 등 만들기 용품을 담은 상자 하나, 심지어 계절이 지난 옷을 담은 가상 놀이용 상자까지, 놀이 준비를 한 번에 할 수 있도록 상자를 활용하자.

❾ 장난감을 종류별로 돌아가며 꺼내 놓자
모든 장난감을 아무 때나 꺼내서 놀 수 있게 하기보다 몇 가지 장난감을 번갈아가며 다른 장소에 보관해두었다가 어느 정도 시간이 지났을 때 다시 꺼내주자. 이미 가지고 있던 장난감이지만 오랜만에 보게 되면 반가워하고, 새로운 장남감인 것마냥 가지고 논다.

길을 잃은 아이는 울면서도
계속 반딧불이를 잡는다

류스이

2장 매일매일 일상 놀이

····· 육아서에서는 하나같이 아이에게는 일상(일과, 일정, 스케줄, 리듬)이 필요하다고 말한다. 자유로움의 대명사인 아이에게 일상이라니, 뭔가 어울리지 않는다고 생각했다. 일상이나 일정, 스케줄 같은 개념은 자유로움이나 창의성과는 딴판으로 여겨졌기 때문이다.

그러다 기본 생리 욕구를 조절하는 생체리듬에 대해서 파고들기 시작했다. 생체리듬을 알아갈수록 우리 신체가 일상(리듬)을 편하게 느끼는 이유를 이해하게 되었다. 우리는 누구라도 낮과 밤이 바뀌고 계절이 변하는 리듬을 겪으며 산다. 아무리 자유로운 영혼이라도 밥 먹는 시간, 배변 보는 시간, 잠자는 시간 등은 특정 시간대로 맞춰지고 각자의 리듬을 보인다. 빛과 어두움이 우리 생체리듬의 신호기 때문이다.

우리 눈은 빛과 어두움을 받아들여 눈(망막)으로 들어온 시각 정보에 따라 하루의 생체리듬을 조절한다. 생체리듬에 따라 에너지 대사, 호르몬과 신경조절물질의 분비량이 조절된다. 그에 따라 낮과 밤의 행동, 사고, 심지어 정서 패턴까지 달라진다. 비슷한 시간대에 잠이 들고 잠에서 깨고 배가 고프며, 목이 말라 물 마시는 등의 휴식도 필요하다. 이런 리듬은 우리 삶을 예측할 수 있게 해준다. 생체리듬의 활동에 따라 하루 리듬을 큰 틀로 어느 정도 정해놓으면, 아이의 하루가 일상이 되면서 아이와 지내기가 한결 수월해진다. 무엇보다 아이에게 큰 틀의 일상은 다음 일을 예측할 수 있게 하여 '삶이 예측 가능하다'는 생각을 심어줘 안전하고 편안하다고 느끼게 한다.

일상 놀이를 소개하기에 앞서 당부하고 싶은 것이 있다. 일상이라고 해도, 이 일상은 엄마 아빠 머릿속에 있다. 아이는 엄마 아빠 머릿속에 있는 일이 무엇인지 알 수 없다. 아이에게 앞으로 할 일(일어날 일)이 무엇인지 미리 알려줘야 한다. 아이에게 준비할 시간을 주자. 예를 들면 기저귀를 갈거나 마사지를 할 때처럼 아이 몸을 만지기 전에는 아이에게 허락을 받아보자. "이제 ○○이 기저귀 갈아야 해서 엉덩이 들 거야"라고 말하고 아이 눈을 보며 잠시 대답을 기다린다. 물론 어린 아이는 말대답은 하지 않는다. 그래도 잠시 기다린다.

이 장에서는 큰 노력이나 계획 없이 일상 속에서 즐길 수 있는 활동을 소개할 것이다. 커다란 틀을 잡아놓으면 뭔가 부족한 것 같은 기분을 좀 떨칠 수 있다. 평범한 하루를 좀 더 재미나게 보내는 데 도움이 되면 좋겠다.

TIP

일상에서 놀이를 채울 적엔 때에 맞는 노래가 큰 도움이 된다. 문화센터·어린이집·유치원 선생님 모두 노래로 새로운 활동을 시작하지 않던가! 깨우기, 아침 준비하기, 기저귀 갈기, 외출 준비 등 상황에 맞는 노래를 준비해두고 때에 맞춰 노래를 부르면 아이도 어느새 그 노랫소리에 맞춰 마음의 준비를 할 것이다.

말과 관련된 놀이

청각은 아이의 감각 중 가장 빠르게 발달하는 감각으로, 태어났을 때 이미 거의 발달되어 있다. 엄마 목소리는 아이가 배 속에서부터 듣던 소리라 엄마의 심장 소리와 더불어 아이에게 안정감을 주는 소리다. 아이는 부드럽고 따뜻한 목소리, 특히 엄마 목소리에 잘 반응한다. 자유롭게 움직이지 못하고 말도 못하는 아이라 해도 아이의 몸짓과 표정을 보고 그에 맞게 욕구를 채워주면서 의사소통을 시작하면, 그 자체가 놀이가 된다.

// 첫 상호 놀이는 옹알이 따라 하기

첫 상호 놀이는 보통 생후 6주 전후에 아이가 의도적으로 웃음을 지으면서 시작된다. 그 이전까지는 엄마 아빠가 놀아줘도 아이는 신생아 반사 반응과 다름없는 반응만 보인다. 그러다 6주 전후에 첫 웃음을 보여주는데, 그 순간 엄마 아빠는 세상을 다 얻은 듯한 행복감에 사로잡힌다.

아이가 미소를 띠면서 '응아', '응네' 등 옹알이를 하면 그 소리를 놓치지 말고 그대로 따라 해주자. 자기가 낸 소리에 반응이 따르면 아이는 더 자주 소리를 내려고 한다. 아이가 옹알이를 하면 곧바로 똑같이 따라 한 후 다음 반응을 기다려보자. 처음에는 별다른 반응을 보이지 않다가 자신의 소리에 반응이 따라오는 걸 인지하면 더 많은 소리를 내려고 시도한다. 반응을 주고받을수록 아이는 더 신나 한다.

다음 장에 나오는 메롱 놀이도 아이가 아주 어릴 때부터 할 수 있는 상호 놀이니 아이 옹알이를 따라 하면서 함께 해보자.

// 베이비토크

어른이 어린아이에게 말할 때 쓰는 말투를 베이비토크라 부른다. 아이 말투나 유아어라고 부르기도 하는데 어른이 아이를 대할 때 자연스레 나오는 말투기도 하다. 어른들끼리 쓰는 단조로운 말투보다 훨씬 톤이 다양하고 노래를 부르는 듯하며, 남녀 불문하고 짧고 느리면서도 높은 톤을 사용한다. 아이는 태어날 때부터 베이비토크를 선호한다고 알려져 있다. 베이비토크를 사용하면 아이의 관심을 더 끌 수 있어 아이가 더 쉽게 언어를 배울 수 있다. 더불어 베이비토크 역시 상호작용 중 하나이므로 아이와 엄마 아빠가 정서적 애착을 형성하는 데에도 도움을 준다.

아이의 소리와 표정을 그대로 따라 한 후에는 잠깐 기다려 아이의 반응을 기다리자. 아이가 소리를 냈지만 무슨 말인지 알아들을 수 없더라도 반응하려고 노력하자. "아하~, 그렇구나. 근데 엄마가 잘 이해를 못 했어"도 좋은 반응이다. 아이는 말을 할 때 몸짓을 함께 하는 경우가 많다. 그럴 땐 몸짓도 함께 따라 해보자.

아이가 자라는 만큼 옹알이도 길어지는데, 귀 기울여 들어보면 정말 뭔가를 이야기하는 것만 같다. 그럴 때는 느껴지는 감정을 아이 대신 적극적으로 말로 표현해보자. '아이 키우는 엄마는 하루에 열두 번씩 거짓말을 한다'는 말이 있다. 아이가 엄마 앞에서는 했던 뜻밖의 옹알이나 몸짓을 다른 이들 앞에서 다시 해보라면 하지 않기 때문이다. 아이도 자존심이 있어서 남들 앞에서는 재현을 하지 않으려 하는 걸까? 분명한 건 아이도 몸짓·표정·옹알이로 자신의 말을 하며, 자신을 자주 보고 반응해주는 상대가 바로 옆에 있을 때 더 자주 더 많이 한다는 것이다. 때로는 이게 뭐 하는 건가 싶어 우습기도 하겠지만 아이 행동과 옹알이에 대답해주면 분명 아이는 좋아한다. 언어 발달은 관두고라도 정서 발달에는 충분히 도움을 준다.

: 신생아 울음 언어 :

아이는 태어나서 백일까지 굉장히 많이 운다. 울음이 신생아의 의사소통 수단이라는 걸 알아도, 막상 아이가 울면 엄마 아빠는 무척 힘들다. 흔히 엄마들은 자기 아이가 왜 우는지 안다고 하는데, 그건 아이가 어느 정도 자란 후의 이야기고 신생아 울음은 전문가조차 그 의미를 구분하기 힘들다.

소리를 구분하는 능력을 타고났다는 호주 바이올리니스트 던스턴이 아이 울음소리를 다섯 종류로 나눠 유명해진 던스턴 아이 언어Dunstan Baby Language라는 게 있다. 던스턴 아이 언어에서는 아이가 배고플 땐 혀를 입천장에 붙인 "응애"(거의 "네"처럼 들리는) 발음, 졸릴 때는 하품하듯이 입을 한껏 벌려 "아" 하는 발음, 트림을 하고 싶을 때는 "에" 하는 짧은 발음, 배에 공기가 찼을 때는 배에 힘을 주고 "으에어" 하며 끌어올리는 발음, 뭔가 불편할 때는 "허" 하는 짧은 발음으로 운다고 한다. 초보 엄마가 '에', '으에어', '허'를 구분하는 건 어렵다. 하지만 '응애'와 '아' 울음은 난이도가 낮은 편이므로 구분할 수 있을 것이다. 이 두 가지 울음 정도만 의미를 구분해도 아이 울음소리를 들을 때 조금은 덜 힘들지 않을까?

// 일상 이야기하기

　　베이비토크를 할 때 아이가 더 집중하고 알아듣는다 해도 항상 베이비토크를 할 수는 없다. 베이비토크가 아니라도 아이에게 일상을 이야기해주자. 앞으로 할 일을 아이에게 미리 알려주고, 기저귀 갈기처럼 아이 몸을 움직여야 할 때는 꼭 양해를 구하도록 하자. "이제 기저귀 갈 거야. 기저귀를 갈려면 먼저 옷을 벗어야 해. 괜찮지?" 아이가 어릴 때는 의사를 표현할 수 없으니 엄마 아빠 마음대로 아이가 양해한 것으로 판단할 수밖에 없지만, 그래도 양해를 구하거나 의사를 묻도록 하자. 아이가 대답하지 않더라도 잠깐 기다려주자.

　　이렇게 주고받는 의사소통 연습을 통해 아이는 의사소통의 규칙을 조금씩 이해하게 된다. 게다가 엄마 아빠는 양해를 구하는 과정에서 자연스럽게 아이 눈을 바라보게 된다. 서로의 눈을 바라보며 웃음 짓는 건 그 어떤 놀이보다 행복하다.

　　아이 수면교육에서도 의사소통은 매우 중요하다. 특히 10개월 전후부터는 의사소통이 절대적으로 중요하다. 10개월 이전이라도 아이에게 변화가 필요한 시점마다 예고하는 습관을 들이길 권한다. 물론 아이가 엄마 아빠 말을 알아듣고 이해하는 건 아니다. 하지만 아이는 엄마 아빠의 몸짓 언어를 이해하는 데 선수다. 특히 엄마의 몸짓 언어는 유난히 더 잘 이해한다. 아이가 엄마 몸에서 태어났기 때문이라고 하는데 확인할 길은 없다. 그럼에도 아이를 키워보면 확실히 내 몸에서 태어난 아이라 내 몸짓을 잘 이해하는구나 싶을 때가 있다.

돌이 지나서도 여전히 수면 문제를 겪는 엄마 아빠의 질문을 받을 때가 많다. 그때마다 나는 "아이가 밤에 깨면 어떻게 해야 하는지 아이에게 이야기해준 적이 있나요?"라고 묻는다. 엄마 아빠는 대부분 이 물음에 어리둥절해한다. 아이에게 그런 걸 말로 해줘야 한다고 느껴본 적도 없거니와 말을 해줘도 아이가 알아듣지 못할 거라 여기기 때문이다. 나 역시 마찬가지였다. 그런데 돌 즈음에는 말로 젖이나 젖병을 뗄 수 있었다고 이야기하는 엄마들을 자주 만난다. 젖이나 젖병 떼기가 말로 가능하다면, 수면교육이 말로 되지 않을 이유가 없다. 실제로 이런 경험을 엄마들과 공유했더니, 아이가 말을 알아듣는 것 같다는 시점이 점점 빨라지기 시작했다.

상당히 많은 엄마들이 돌 즈음에 아이가 말을 알아듣더라며 놀라워했다. 10개월인 아이가 말을 알아듣는 것이 확실해 보이는 동영상을 전해 받은 적도 꽤 있다. 기억을 더듬어보니 가장 빠른 기록은 만 4개월 아이였다. 블로그 이웃의 아이였는데 이웃은 아이가 태어날 때부터 아이에게 늘 이야기를 들려줬다고 했다. 이웃은 평소처럼 아이에게 앞으로 할 일을 예고하듯 이야기했는데, 아이가 만 4개월 즈음 분명 그 말을 알아듣는 것처럼 보였다고 했다.

그 느낌이 딱 한 번뿐일 수도 있고 어쩌면 거짓 기분일 수도 있다. 하지만 그 느낌은 절대 거짓이 아니다. 딱 한 번이었던 그 느낌은 곧 실체가 되어 아이 행동으로 나타난다. 모든 것은 그 딱 한 번에서 시작된다. 그리고 그 딱 한 번까지는 숱한 연습이 필요했을 것이다. 아이에게도 말이다.

아이에게 말을 하면서 "안 돼!"처럼 중요한 의사표현을 해야 할 때는 베이비사인도 큰 도움이 된다. 베이비사인이 어렵게 느껴진다면 155쪽에서 소개하는 네 가지 정도만 사용해보자.

// 책 읽기

매일 해야 할 일상 놀이 중 하나는 책 읽기다. 책은 아무 때나 원할 때마다 읽어줘도 좋다. 특히 밤 취침 시간에는 책 읽기를 꼭 넣길 권한다. 다만 취침 시간에 책을 읽어주려고 계획했다면 취침 시간을 좀 더 당겨 잡길 바란다. 시간에 쫓기면 책을 서둘러 읽을 수밖에 없기 때문이다.

책은 일찌감치 읽어줄수록 좋다. 아이 책은 전체가 100단어를 넘지 않을 정도로 짧아서 이걸 읽어주는 게 무슨 도움이 될까 싶지만, 아이에게 이르게 책을 읽어준 선배 부모들은 하나같이 말한다. 신생아처럼 누워 있기만 하는 시기에도 아이가 눈을 반짝이며 책에 집중하는 모습을 보고서 책을 읽어주지 않을 수가 없었다고 말이다. 책을 읽어주면 아이 놀이 시간도 빨리 지나가고 여러모로 좋다. 읽기도 하고, 모자처럼 쓰기도 하고, 까꿍 놀이도 하는 등 책을 놀이 도구로 사용하는 방안도 생각해보자(내 아이는 스케이트나 썰매처럼 밀고 다니기도 했다).

// 노래하기, 동요 들려주기

배 속에 아이가 생기면 가장 먼저 준비하는 것 중 하나가 자장가와 동요 CD나 음원이다. 아이의 뇌는 음악을 좋아하도록 프로그래밍되어 있다고 한다. 아이는 말소리도 좋아하지만 다양한 톤과 음 높이, 리듬이 있는 노래에 더 오래 집중한다. 게다가 엄마 아빠가 노래를 부르는 건 기분 좋은 상태라는 의미기도 하다(물론 자장가는 예외일 수 있다). 노래에 담긴 좋은 기분이 전달되면 아이는 더 안전하고 행복하다고 받아들일 것이다.

아이에게 노래를 불러줄 때는 아이 몸을 가볍게 쓰다듬거나 마사지하거나 안아주거나 안아 흔들거나 토닥이는 등의 행동을 곁들이기 쉽다. 눈을 마주치는 건 말할 필요도 없다. 성격이 활달한 엄마 아빠라면 노래하며 춤도 출 것이다. 노래하면서 자연스럽게 따르는 다양한 행동 덕분인지 노래 부르기는 아이와 애착을 형성하는 데도 도움이 된다. 아이가 울음을 그치지 않을 때는 차분한 자장가의 리듬과 톤으로 아이를 달랠 수 있고, 아이가 즐거워하며 흥미를 보일 때는 신나는 동요의 리듬과 톤으로 아이의 기분을 끌어올릴 수 있다. 아이가 울음을 그치지 않을 때는 악기 소리를 들려줘보자. 연주를 못해도 상관없다. 악기 소리만 들려줘도 아이는 뭔가 다르다고 느끼며 관심을 갖기 때문에 우는 걸 잊어버리기도 한다.

: TIP :

아이가 놀 때는 1시간 이상 동요 메들리를 들려줘도 좋다. 하지만 낮잠이나 밤잠을 재워야 할 때는 자장가를 두어 곡만 반복해서 들려주는 게 좋다. 아이를 재우려는 데 적당한 노래가 없다면 백색소음을 이용해도 좋다. 리듬이나 톤은 없지만 소음을 차단하는 효과가 있으며, 배 속에서 듣던 웅성웅성한 소리를 연상시켜 아이를 달래주므로 잠들게 하는 데도 도움을 준다. 어린아이를 달래는 데는 자장가보다 백색소음이 더 효과가 있는 것으로 알려져 있다.

몸과 관련된 놀이

부모가 어린아이와 놀아주는 걸 보면 아빠가 엄마보다 팔다리를 움직이는 놀이를 훨씬 더 많이 한다고 한다. 가만히 앉아 있는 아이와 놀 때마저도 아빠는 아이 팔다리를 더 많이 움직이는 놀이를 한다. 몸 놀이만큼은 아빠가 주도적으로 해주면 어떨까?

// 아이 얼굴 터치, 터치, 터치

옹알이 따라 하기 놀이를 할 때 옹알옹알하는 아이 입 주변을 엄마 아빠 손가락으로 번갈아가며 톡톡 두드리자. 어린아이는 젖 찾기 반사가 남아 있어 입과 혀를 삐죽삐죽하며 엄마 아빠 손가락을 따라 움직인다. 반사 반응이긴 해도 아이는 자기 입 주변을 움직이면서 의도적으로 입을 움직이는 것을 배워나간다.

// 오르락내리락 엘리베이터 놀이

엘리베이터 놀이는 아이가 목을 잘 가누면 함께 하기 좋은 놀이다. 엄마 아빠는 등을 바닥에 대고 누운 채로 아이를 들어 올렸다가 내리면서 아이 얼굴에 뽀뽀를 한다. "엘리베이터처럼 올라갔다 내려갔다 할 거야. 내려오면 엄마랑 뽀뽀~"리는 말도 잊지 말자.

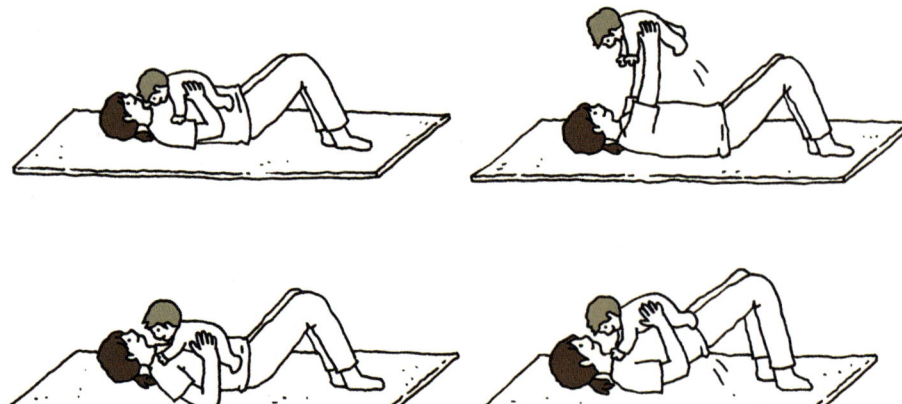

:TIP:

엘리베이터 놀이는 벤치프레스와 같은 동작이다. 점점 늘어져가는 팔 근육을 강화하는 기회로 삼자. 아이를 내린 상태에서 골반을 올렸다 내리면 엉덩이 근육을 탄탄하게 해주는 근력 운동인 브리지가 된다. 등 근육과 허리 근육을 강화할 수 있는 운동이다.

// 떴다 떴다 비행기 놀이

엘리베이터 놀이를 살짝 변형해 비행기 놀이를 할 수 있다. 아이 다리를 엄마 아빠 다리로 지탱해 비행기처럼 날도록 만든다. 동요 〈비행기〉를 함께 불러주자. "떴다 떴다 비행기 날아라 날아라 / 높이높이 날아라 우리 비행기" 이 놀이 역시 엄마 아빠의 근력 운동을 겸할 수 있다. 소파나 의자에 앉아서도 할 수 있다. 아이를 엄마 아빠 발등에 앉히고 다리를 들어 올렸다 내렸다 반복한다.

// 개운한 기저귀 갈기

아이에게 기저귀를 갈겠다고 예고한 다음 잠깐 아이의 반응을 기다린 후에 기저귀를 간다. 기저귀를 갈 때 아이가 가만히 있는 시기는 아주 짧다. 뒤집거나 기기 시작하면 기저귀 갈기는 전쟁으로 바뀐다. 기저귀를 갈아도 가만히 있을 때를 놓치지 말고 터치의 기회로 삼자. 기저귀를 갈 때마다 통통한 아이 배에 뽀뽀를 하거나 입 바람 소리를 낸다. 발도 한번 꼭 잡아주고 엉덩이도 톡톡 토닥여준다. 새 기저귀를 채우면 아이 다리를 모아 꾹꾹 주무르고 쭉쭉 늘여주는 쭉쭉이로 마무리한다.

―――――: TIP :―――――

기저귀를 갈 때도 노래가 하나 있으면 좋다. 응가송을 검색하면 여러 곡이 나오지만 아직 응가송 하면 떠올릴 만한 노래는 없다. 나는 주로 동요 <도깨비 빤스>를 불러줬다. "도깨비 빤쓰는 튼튼해요 / 질기고도 튼튼해요 / 호랑이 가죽으로 만들었이요 / 이천 년 입어도 까딱없어요" 2절은 더 재미있다. "도깨비 빤스는 더러워요 / 냄새나요 디러워요 / 호랑이 가죽으로 만들었어요 / 이천 년 동안이나 안 빨았어요"

// 신나는 옷 갈아입기와 몸 닦기

아이 옷을 갈아입힐 때와 수건으로 아이 몸을 닦을 때는 까꿍 놀이를 하자. 아이 얼굴이 옷이나 수건으로 잠깐 가려지면 "어? 우리 아기 어디 갔지?", 아이 얼굴이 다시 드러나면 "아, 여기 있었네?"를 반복한다. 또 옷을 갈아입히거나 기저귀를 갈 때 스트레칭용 쭉쭉이와 깡깡충 체조를 연달아 해보자. 쭉쭉이를 가볍게 한 후에 〈깡깡충 체조〉 노래를 부르며 가사에 맞춰 아이 몸을 늘여주고 들썩거리게 하고 흔들어주면 된다. 큰 아이는 가사를 듣고 알아서 하겠지만, 어린아이는 누운 채로 엄마 아빠가 몸을 움직여주면 차츰 더 즐거워한다. 아이가 뛸 나이에 이 놀이를 하면 아래층에서 올라올 수 있으므로 주의하자.

손을 높이 손을 높이 쭉쭉쭉 쭉쭉 뻗어봐요
발을 쿵쿵 발을 쿵쿵 쿵쿵쿵 쿵쿵 굴려봐요
엉덩이를 씰룩 씰룩 쌜룩 이쪽저쪽 씰룩 쌜룩
뱅글뱅글 빙글빙글 깡깡충 깡충 깡충 깡깡충

// 평온한 목욕 놀이

신생아를 목욕시켜보면 아이가 어딘가(특히 엄마 옷)를 꽉 붙들고 떨어지지 않으려 한다. 아이를 목욕시킬 때 아이가 언제부터 엄마 아빠 멱살을 놓고 안심하며 물에 들어가는지 기억해두자. 꽉 붙드는 모습을 사진이나 동영상으로 찍어놔도 추억으로 남는다. 그땐 일상이라 모르지만 막상 아이가 크고 나면 그 시기 그 시절이 새록새록 기억날 때가 많다. 물을 싫어하는 신생아의 경우 옷이나 속싸개를 입힌 채로 아이가 물속에 들어가게 하면 안정감을 느낀다고 한다. 옷을 입힌 채로 아이가 물에 적응한다 싶으면 한쪽씩 벗겨가며 목욕시키는 속싸개 목욕도 시도해보자. 동시에 백색소음을 틀어주면 엄마 배속에 있을 때 들었던 소리와 양수 느낌을 기억해 안정감을 찾기도 한다. 목욕을 좋아하는 아이라면 물을 데우거나 목욕 용품을 준비할 때부터 미리 음악을 틀어주자. 신나는 동요로 목욕을 시작할 거라는 걸 알리고, 목욕할 때는 잔잔한 음악을 들려주면 좋다. 동요가 들리면 아이도 목욕할 준비를 하며 몸을 들썩거릴지 모른다.

아이가 좀 더 크면 다음과 같은 목욕 장난감도 고려해보자. 단, 이런 장난감은 목욕을 즐겁게 해줄 순 있지만 보관하기 어렵다. ①대형 스포이트(물총도 좋지만 어린아이가 다루기에는 스포이트가 낫다), ②깔때기, ③우유 통(뚜껑에 구멍을 내서 조리개처럼 써도 좋고, 잘라서 물을 뜨고 붓는 용도로 써도 좋다). 이외에도 플라스틱 컵같이 물을 떠서 부을 수 있는 장난감은 목욕 놀이 장난감으로 최고다. 설거지용 스펀지 수세미도 욕조에서는 훌륭한 장난감이 된다. 놀이를 마친 뒤 청소용으로 쓰고 버리기에도 좋다.

// 몸 튼튼, 마음 튼튼 베이비 마사지

베이비 마사지는 아이가 자기 몸을 인식하고 타인과 신체 접촉하는 데 익숙하도록 도울 뿐만 아니라 긴장을 완화하는 데도 효과가 있다. 또한 몸과 마음을 이완시켜 잠을 더 잘 자게 하고 수면 패턴 발달에도 도움을 준다. 베이비 마사지는 평소에 해줘도 좋지만 목욕을 마친 후에 세트처럼 바로 이어서 해주기 좋은 활동이다.

주의점

1 / 젖이나 이유식을 먹인 직후에는 피한다(최소 30분 이후에 가능). 마사지를 하기 위해 잠든 아이를 깨워서도 곤란하다.

2 / 아이 몸 상태가 좋아야 한다. 열이 있거나 아파 보일 때는 부드럽게 쓰다듬는 정도로 마친다. 가볍게 쓰다듬는 정도라면 몸을 이완시켜 안정감을 주지만, 전신을 마사지하듯 주무르면 열이 오르고 늘어질 수 있으므로 삼가야 한다. 피부에 염증이 생겼을 때도 피해야 한다.

3 / 예방접종을 한 날은 24~28시간 동안 피한다. 예방접종을 한 후에는 마사지는 물론 목욕이나 운동도 삼가야 한다. 마사지를 하지 않더라도 예방접종 부작용으로 열이 날 수 있으므로 주의 깊게 관찰한다.

4 / 베이비 마사지를 할 때도 먼저 아이에게 허락을 받는다. 또한 마사지를 시작할 때는 아이 배에 엄마 아빠의 한쪽 손을 올려놓고 몇 초 기다리며 (엄마 아빠는 심호흡!) 아이가 마사지 받을 준비를 할 수 있게 시간을 준다.

5 / 아이가 칭얼대거나 울면 바로 멈춘다. 일단 아이를 달래고 울음을 멈추면 다시 시도한다. 처음엔 2~3분만 해도 칭얼댈 수 있지만 익숙해지면 시간도 차츰 늘어난다. 아이가 마사지를 싫어한다고 해서 몇 번

해보고 포기하기엔 마사지의 장점이 너무 많다. 주기적으로 시도해 보고 익숙해지면 매일 하루의 일상으로 넣어주자. 특히 밤 취침 전에는 수면의식으로 베이비 마사지를 넣어보자.

6 / 마사지할 때 오일을 사용하면 효과가 더 좋다. 어떤 오일이 좋은지는 전문가마다 의견이 다르다. 올리브 오일, 코코넛 오일, 해바라기 오일, 호호바 오일이 주로 사용되며, 아로마 효과가 있는 에센셜 오일을 기본 오일에 섞어 사용할 수도 있다.

마사지 방법 1: 똑바로 눕혀서 하기

1 / **얼굴**: 얼굴 양쪽을 따라 올라가며 쓰다듬어 마사지한다.

2 / **다리**: 엉덩이에서 다리까지 오일을 바르며 부드럽게 쓰다듬는다. 양손으로 아이 다리를 감싸고 소젖을 짜듯이 길게 쓰다듬어 발목 쪽으로 내려왔다가 엉덩이 쪽으로 올라갔다가 다시 발목 쪽으로 내려온다. 양손을 물기 짜듯 부드럽게 비틀며 발부터 엉덩이 쪽으로 올라간다. 한쪽 엄지로 살짝 눌렀다가 다른 쪽 엄지로 살짝 누르며 발 전체를 마사지한다. 발가락을 하나씩 부드럽게 눌렀다가 잡아당긴다. 발바닥에서 움푹 들어간 곳을 엄지로 지긋이 눌러준다. 발목을 부드럽게 돌려준다. 양손으로 무릎에서 발목까지 감싸고 발목 쪽으로 부드럽게 굴려준다. 반대쪽 다리를 동일한 순서로 마사지한다.

3 / **배**: 배 아래쪽 방향으로 한 손으로 쓰다듬었다가 다른 손으로 쓰다듬으며 바퀴를 굴리듯이 마사지한다. 한쪽 손바닥을 이용해 시계 방향으로 원을 그리며 마사지한다. 배 속에 찬 공기를 가늠하면서 시계 반대 방향으로도 원을 그리며 마사지한다.

4 / **가슴**: 양손 손가락 바닥으로 가운데에서 바깥 방향으로 하트 모양을 그리며 부드럽게 마사지한다. 손바닥으로 아이 가슴 한가운데에서 시작해서 양 어깨 쪽으로 부드럽게 마사지한다.

5 / **팔**: 다리와 비슷한 방법으로 오일을 바르며 어깨에서 손 쪽으로 마사지한다.

6 / **얼굴**: 얼굴선을 따라 부드럽게 마사지한다. 손가락 바닥을 이용해 이마를 마사지한다. 관자놀이와 턱 관절에서는 작은 원 모양으로 눌러준다. 코, 볼, 턱은 손가락 바닥 부분을 이용해 마사지한다. 귀는 가볍게 마사지하고, 두피는 전체를 원을 그리며 마사지한다.

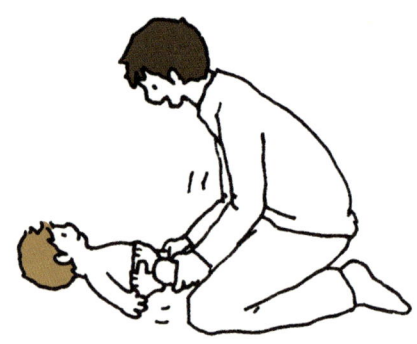

마사지 방법 2: 엎어둔 채로 하기

등: 오일을 바르고 등 아래쪽으로 길게 마사지한다. 양쪽 어깨와 어깻죽지를 마사지한다. 등 모양에 맞춰 양 손바닥으로 번갈아가며 엉덩이와 다리 쪽으로 마사지하며 내려간다. 척추 양쪽 선을 따라 손끝으로 작은 원을 그려가며 눌러주고 목에서 엉덩이 쪽으로 내려간다. 단, 척추는 문지르지 않도록 주의한다. 목과 어깨를 원 모양으로 가볍게 눌러주며 마사지한다.

: T I P :

아이가 어릴 때 그림과 같은 점 지도를 그렸다. 점이 별로 없는 아이라 가능했을 수도 있다. 더욱이 첫째 아이여서 관심과 정성을 더 기울일 수 있는 시간과 체력이 남았던 때라 가능했을 수도 있다. 너무 미안한데, 둘째 아이는 점이 어디에 있는지 지금도 모르겠다. 목욕시킬 때나 마사지해줄 때 아이 몸에 있는 점을 세어보자. 유난히 큰 반점이 있다면 그 반점은 '하느님이 예쁘다고 찍어놓은 도장'이다. 점이 몇 개 없다면 지도를 한번 그려보자.

잠을 부르는 놀이/활동

// 오전에는 햇빛 테라피

아이가 밤낮을 구분하지 못하거나 늦게 자서 힘들거나 취침 전쟁이 심하다면 아침 식사를 마치고 아이와 함께 15분 정도 산책하길 권한다. 햇빛이 밤낮을 구분하는 생체리듬에 좋은 영향을 주기 때문이다. 아이가 좀 더 커서 어린이집을 가거나 어린이집 차를 기다릴 때도 햇빛을 적극적으로 보여주자. 아이와 엄마 아빠 모두에게 좋다. 산책이 어렵다면 집 안에서 햇빛이 가장 잘 드는 곳으로 가서 놀이를 하자. 아이는 피부가 약하므로 햇빛이 강한 오전 10시에서 오후 4시까지는 직사광선을 피하는 게 좋다. 햇빛이 강하지 않은 이른 오전 시간에 햇빛을 보게 하자. 만 6개월 이전인데 오전 10시~오후 4시에 바깥에 나가야 할 때는 모자와 옷으로 아이 피부를 보호해준다. 만 6개월 이후부터는 모자와 옷에 선크림을 더할 수 있다. 그럼에도 아이는 햇빛을 받는 양이 부족할 수 있으므로 모유 수유하는 아이라면 출생 직후부터 비타민 D를 보충해주길 권한다(분유에는 비타민 D가 권장량만큼 포함되어 있다).

// 갑갑해 보이지만 알고 보면 편안한 속싸개

속싸개는 오랫동안 아이 수면에 도움을 주는 도구로 널리 쓰여왔다. 산후조리원을 나오면 쓰지 않는다는 사람들도 있지만, 지난 십 년 사이 분위기가 바뀌면서 속싸개 종류도 많아졌고 육아 필수 템으로 자리 잡았다. 미리 말하자면 나는 속싸개 애착론자다.

〈속싸개 싸는 법〉

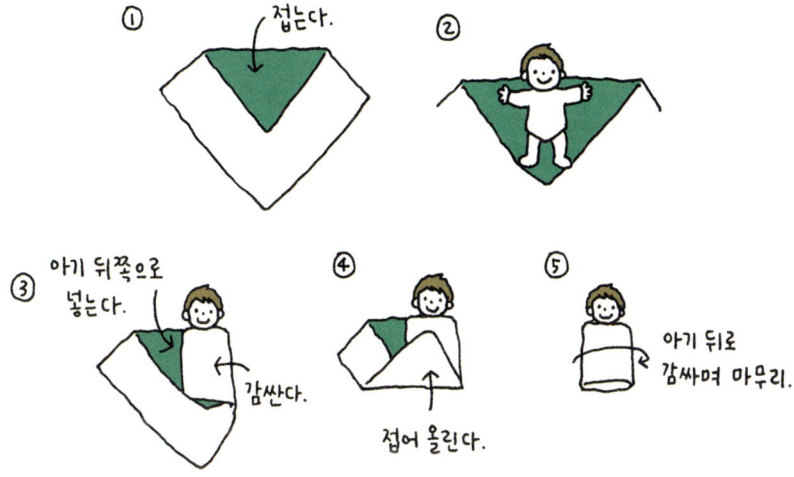

〈더블 속싸개 싸는 법〉

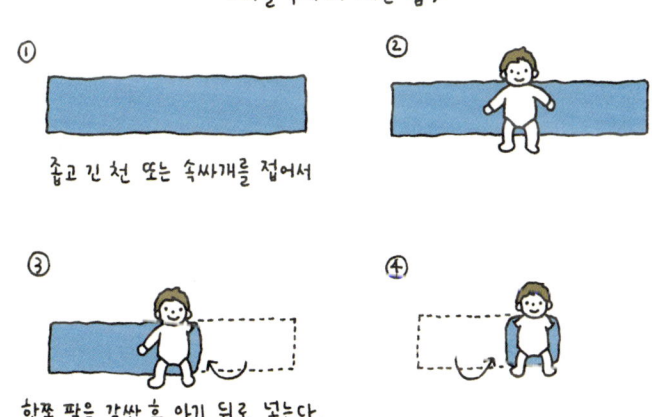

이렇게 아기 팔만 한 번 더 감싼 뒤, 속싸개로 다시 싸준다.

속싸개는 아이가 백일이 되기 전까지 수면에 직접 도움을 준다. 백일 이후에는 수면에 직접 도움이 되지 않지만 수면의식의 일부로 사용하길 권한다. 다만 속싸개로 다리를 지나치게 압박하면 고관절이 탈구될 수 있으므로 다리를 움직일 수 있도록 다리 쪽은 여유를 두는 게 좋다. 백일 이전 아이는 속싸개로 싸두면 엄마 배 속처럼 폭 싸인 느낌을 떠올리며 편안해한다고 한다. 또한 속싸개는 모로 반사 반응으로 인해 깜짝 놀라 잠에서 깨거나 놀라는 상황을 줄여준다. 속싸개를 할 때는 속싸개가 아이 입에 닿지 않도록 주의한다. 아이가 뒤집기 시작하면 낮에는 속싸개에서 팔을 빼 속싸개 떼기 과정을 시작하도록 하자.

속싸개를 떼고 난 후에도 재울 때는 수면조끼를 입히거나 슬리핑 백을 사용하길 권한다. 더 오래 푹 자도록 도와줄 것이다. 평소에도 배를 압박하는 슈퍼맨 자세로 안아주면 속싸개에 폭 안기는 느낌과 비슷해서인지 아이가 더 좋아한다.

// 거친 신체 놀이

거친 신체 놀이로는 레슬링을 떠올리면 쉽다. 레슬링 놀이는 아이가 자랄수록 더 강조하는 놀이지만, 막상 아이와 레슬링같이 거친 신체 놀이를 하는 건 어렵다. 하지만 거친 신체 놀이는 자신의 신체를 인식하는 감각을 발달시키는 데 꼭 필요한 놀이다. 아이 아빠가 아이와 거칠게 노는 걸 보고 아이를 너무 흥분시킨다고 걱정하는 엄마가 많은데 오히려 권장하길 바란다.

아이가 몸을 어느 정도 가누기 시작하면 비행기를 태우기도 하고(슈퍼맨 자세로 하는 비행기 놀이), 아이를 안고 뒹굴기도 하고, 거실 쿠션을 몽땅 꺼내놓고 오르락내리락하기도 하자. 아이 미끄럼틀 오르내리기, 그네 타기, 요가 볼 위에서 통통거리기도 좋다.

// 청각 자극

아이를 재울 때 자장가나 백색소음을 들려주면 주변 소음을 차단할 수 있어 아이를 진정시키는 효과가 난다. 자장가는 아이의 스트레스와 심박 수를 낮추고 호흡에 좋은 영향을 미친다. 백색소음은 아이가 엄마 배 속에서 듣던 웅웅거리는 소리와 비슷해 아이를 진정시키는 효과가 있다. 날이 저물면 고요한 음악을 튼 채로 목욕을 시키거나 마사지를 해주자. 고요한 음악은 아이를 진정시키는 효과가 뛰어나다.

// 흔들림 자극

요즘에는 잘못된 수면 습관이 생길 수 있어서 집 안에서도 아기띠를 사용하지 말라고 권하는 사람도 있지만, 흔들림은 분명 아이의 전정기관을 자극하여 안정감을 준다. 아기띠나 팔로 아이를 안은 채 집 안을 서성거리면 아이가 더 잘 잠드는 이유다. 수면의식 중이라도 흔들림 욕구는 채워주는 게 좋다. 낮 동안 또는 수면의식 중에 그네나 흔들의자 태우기, 아이를 무릎에 앉혀 다리를 굴러 흔들어주기, 아기띠나 유모차를 이용해 산책하기, 수영하기 등 전정기관을 자극하는 놀이를 몇 가지 해주자.

// 시각 자극

잠들기 2시간 전에는 영상물 시청을 피한다. 장난감 제조사마다 아쿠아리움 등 물이 들어 있는 장난감이 꼭 하나씩 있는데, 물소리가 아이에게 진정 효과를 주기 때문이기도 하지만 물 위를 떠다니는 물고기도 시각을 자극하여 진정 효과를 내기 때문이다. 아이가 시각 놀이 물병(123쪽)을 잡고 흔들면 내용물이 움직여 시각 자극을 준다. 시각 놀이 물병을 직접 만들어도 좋지만, 오래 쓸 생각이라면 라바 램프를 사도 좋다. 수유 등은 없어도 되지만 초보 엄마라면 수유 등 없이 밤에 수유하는 게 힘들 수 있다. 수유 등으로는 소금 램프를 추천한다. 일반 수유 등보다 비싸지만 소금 램프의 색 온도가 수면에 도움을 줄 뿐만 아니라 크로마테라피 효과로 스트레스를 낮추기 때문이다.

잠에 도움되는 낮 놀이

여기서 소개할 낮 놀이 다섯 가지는 캘거리대학에서 아이 수면에 도움이 되는 놀이로 개발한 Play2Sleep 프로그램에 들어 있는 놀이를 우리 형편에 맞게 수정한 것이다(https://www.baby-sleep-advice.com/play-to-sleep.html). Play2Sleep은 '믿을 만한 아이 수면 정보 제공, 아이 신호에 대한 배움, 함께 문제 해결'이라는 세 가지 목표를 가진 프로그램이다. 일과 만들기, 태도와 신념 바꾸기, 두려움과 걱정·불안 다루기, 실질적-정서적-사회적 지지 시스템, 잠 연관 바꾸기, 가족 내에서 아이 수면 문제 맥락 등 여섯 가지 방안을 해법으로 제안했다. 여기서 소개하는 다섯 가지 놀이는 Play2Sleep 프로그램 중 극히 일부다. 기회가 되면 꼭 한 번 들여다보길 권한다.

// '그대로 멈춰라' 놀이

"즐겁게 춤을 추다가 그대로 멈춰라"라는 노래 가사에 맞춰 신나게 움직이다가 '그대로 멈춰라!'에서 멈추는 놀이다. 단 몇 초라도 그대로 멈춘 상태를 이끌어내면 된다. 아직 가사대로 춤추거나 멈추지 못하는 아이라면, 아이 발을 움직여 춤을 추다가 발을 꼭 잡고 가만히 있는다. 이 놀이는 신나게 움직이는 놀이이므로 너무 흥분하지 않도록 잠들기 한두 시간 전에는 끝내는 것이 좋다.

// 낮에도 잠자리 놀이

잠자리 놀이는 아이가 밤에 잠을 자다 깼을 때 잠자리에 대한 두려움이나 거부감을 줄여준다. 아직 잠자리에 대한 두려움이나 거부감을 보이지 않은 아이라면 일주일에 두세 번 정도로 충분하지만, 두려움이나 거부감을 보이기 시작한 아이에게는 매일 한 번씩 해주면 좋다. 잠자는 시간과 별개 시간에 해야 한다.

처음엔 그저 아이를 침실로 데려가 눕히거나 앉힌다. 아기가 침대에 있는 것 그 자체가 목적이다. 엄마 아빠는 침실에서 커튼을 치거나(또는 걷거나) 침구를 정리하는 등 다른 일을 할 수 있다. 이때는 아이에게 집중하지 않는 게 좋다. 평소처럼 아무렇지 않게 행동하라. 잠자리에 부담이나 압박감이 없다는 걸 보여주는 것이다. 이런 평범한 과정도 아이가 거부할 때는 동일한 행동을 옆방에서 먼저 해주는 것으로 시작한다.

첫 단계에 거부감을 보이지 않으면 다음 단계로 침대 근처에서 책을 읽어주거나 이야기를 들려준다. 아이가 잠자리에 얼마나 거부감을 느끼느냐에 따라 잠자리에서 얼마나 떨어져 책을 읽어줄지 결정하면 된다. 거부감이 없는 아이에게는 침대 위에서 책을 읽어준다.

그다음엔 전등 스위치를 끄고 켜는 놀이를 한다. 아이가 전등 스위치 기능을 파악했다면 스위치를 끄고 켜는 권한을 아이에게 주자. 주도적으로 할 수 있는 일이 늘어나면 잠자리에 대한 거부감도 줄어들기 때문이다. 내 아이도 잠투정이 심했다. 우느라 손을 잡는 것도 뿌리칠 정도였다. 하루는 아이가 울다가 우연히 전등 스위치를 머리로 켠 적이 있었다. 전등에 불이 들어오자 신기했는지 울음을 뚝 그쳤다. 그 이후로 "불을 켜자!"라는 말만 하면 울음을 뚝 그쳤다. 아이 머리로 전등 스위치를 켜다니 아이 머리를 모욕하는 기분이 들었는데, 아이는 아직 그런 선입견이 없는 때라 오히려 자기 머리로 뭔가를 할 수 있는 것에 뿌듯함을 느낀 것 같았다. 자기 머리로 전등 켜는 것을 아주 좋아했다. 다만 스위치 끄고 켜는 놀이는 자칫 아이가 집착하여 자꾸 하려고 할 수도 있다. 횟수를 정하고 하이파이브로 성취를 축하하며 끝맺도록 하자.

침대에서 까꿍 놀이도 할 수 있다. 아이 눈에 잠깐 보이지 않아도 엄마 아빠는 어딘가에 있다는 걸 잠자리에서 알게 해줄 수 있다. 대상영속성(어떤 대상이 잠시 사라지거나 가려져서 보이지 않더도 여전히 존재한다는 걸 아는 능력)을 인식한 아이에게는 더욱 효과가 있다.

// 미니 마사지 놀이

아이 잠을 고려하면 긴 마사지가 좋지만 하기 힘들 수도 있다. 미니 마사지 놀이는 시간이 짧아 언제라도 할 수 있어 편하다. 수유나 식사 여부와도 크게 상관이 없고 옷을 다 입고 있어도 할 수 있다. 아이 손을 잡고 손바닥을 동글동글 원을 그리듯 마사지한다. 아이 배를 시계 방향으로 큰 동그라미를 그리며 엄마 아빠 손바닥으로 살짝 돌려 마사지한다. 아이 발도 쓰다듬어준다. 아이 머리 위를 엄마 아빠 양손으로 감싸고 천천히 큰 원을 그려 마사지한다. 그림과 같은 인당혈이라 불리는 경혈이 숙면에 도움이 된다고 하니 눌러준다고 손해 볼 건 없다. 한의사 남편을 둔 이웃이 있는데 아이 아빠가 한의사라도 경혈 자리를 이용해 아이를 재워본 적은 없다고 한다. 그러니 큰 기대는 하지 말자.

// '잠깐만' 놀이

'잠깐만' 놀이는 분리불안 시기에도 해주면 좋은 놀이다. 아이랑 놀다가 "잠깐만!" 하고 외친 후 아이 눈에 보이지 않는 곳으로 간다. 그러다 칭찬하며 돌아온다. 처음에는 단 몇 초만으로도 충분하다. 아이에게서 떨어지는 게 익숙지 않다면 먼저 "잠깐만!"이라는 말을 평소에 자주 써서 익숙해지도록 하자. 돌 이후에는 '지금 당장'을 요구하는 아이와 "잠깐 기다려" 하는 엄마 아빠 사이에 시간 경쟁이 생기는데, 엄마 아빠는 "잠깐만! 잠깐만!"이라는 말을 자주 사용해 이 말에 믿음을 심어주도록 하자. 예를 들어, 아이가 당장 쿠키를 달라고 할 때 쿠키를 줘도 무방하고 당장 줄 수 있다 하더라도 "아, 그래, 간식 시간이네. 쿠키랑 우유 줄게. 여기… 앗, 잠깐만! 잠깐만!" 하면서 정말 '잠깐만' 딴 일을 한다. 처음엔 2, 3초라도 좋다. 2, 3초 후에 "잘 기다려줬어요~. 여기~, 쿠키랑 우유!" 하고 감사를 전하며 아이가 원했던 쿠키를 주는 식이다.

// 쪽쪽이 놀이

아이가 쪽쪽이를 손에 들고 물 수 없는 월령일 때: 아이가 쪽쪽이를 물고 있을 때 쪽쪽이를 살짝살짝 움직인다. 그러다 천천히 반쯤 쪽쪽이를 뺀다. 아이는 쪽쪽이가 빠지지 않도록 쪽쪽이를 입으로 더 세게 빨아 당길 것이다. 아이가 원하지 않을 때는 쪽쪽이가 빠지지 않도록 연습하는 셈이다.

아이가 쪽쪽이를 들고 입에 넣을 수 있는 월령일 때: 쪽쪽이를 아이 입에 넣어주지 말고 보여준다. 아이가 손으로 쪽쪽이를 받아 직접 입에 넣을 기회를 준다. 이렇게 연습시키고 아이 잠자리 주변에 쪽쪽이를 여러 개 두면 밤에 깨서 아무거나 입에 넣고 다시 잠들 수 있다. 빠른 아이는 백일부터 가능하다.

낮잠 시간 전 놀이

만 6~7개월이 지나면 낮잠 일정도 어느 정도 예측할 수 있다. 낮잠 자기 15분 전에는 이전 활동을 정리하고 함께 낮잠 준비를 하는 게 좋다. 장난감을 가지고 놀고 있다면 장난감을 정리할 시간이라고 5분 전에는 알려준 뒤 장난감을 함께 정리하고 낮잠 준비를 시작하자. 낮잠 시간엔 굳이 방을 어둡게 할 필요가 없지만, 빛에 영향을 많이 받는 아이라면 커튼을 쳐서 햇빛을 차단해주자. 낮잠을 재울 때는 수면의식처럼 긴 의식은 필요하지 않지만, 5~10분 정도로 짧은 낮잠 의식이 있다면 아이 두뇌가 낮잠 잘 준비를 한다. 책 읽기, 수면조끼나 슬리핑 백 입기, 해님과 인사하기, 자장가 등 매번 낮잠 잘 때마다 해줄 수 있는 것을 낮잠 의식으로 삼자.

// 차량 세기

해님과 인사하며 낮잠을 준비하는 것처럼, 창밖으로 보이는 주차된 차나 길에 지나가는 차를 세면서 낮잠을 준비할 수도 있다. 소음이 심하지 않은 곳이라면 차량 소음이 저주파 음이라 아이들에게 안정된 느낌을 주는 면도 있다.

───── : 알고 가기 : ─────

아이가 낮잠 자는 시간에 엄마 아빠는 미리 놀이를 준비해두면 훨씬 편안한 놀이를 할 수 있지만 권하고 싶진 않다. 하루 종일 아이 뒤치다꺼리하다 끝나는 느낌이 들어 너 피곤해진다. 아이가 잘 때는 엄마 아빠가 하고 싶은 걸 하는 게 좋다. 자꾸 도와주겠다고 하는(=일만 벌이는) 아이가 있을 때 놀이를 준비하고, 함께 놀이를 하는 게 시간도 잘 간다. 아이도 어설프게나마 함께 준비하고 놀면 더 좋아한다.

잠을 깨우는 놀이

아이의 잠을 깨우는 시간은 엄마 아빠에게는 일 분이라도 늦추고 싶은 시간이지만 아이에게는 밤새 기다려온 반가운 시간인 듯 보인다. 엄마 아빠도 비몽사몽이라 쉽진 않겠지만 아이 기분에 맞춰 밝게 인사해주면 좋다. 바로 아이를 끌어안고 수유로 아침을 맞는 엄마도 있는데 이 아침 루틴이 마음에 들면 그대로 가도 좋다. 다만 아침 수유에는 밤 수유와 다른 뭔가를 포함해주길 권한다. 예를 들어, 수유를 시작하면서 〈둥근 해가 떴습니다〉 동요를 부르며(비몽사몽이라 신나게 부르긴 힘들다. 늘어지게 불러도 괜찮다) 아이 이마를 쓰다듬어 아침 인사를 한다. 동요를 부르는 게 힘들면 음원을 틀어도 좋다.

커튼이나 블라인드를 걷는 등 다른 신호를 줘도 좋고, "새 나라의 어린이는 일찍 일어납니다. 잠꾸러기 없는 나라 우리나라 좋은 나라" 노래를 불러줘도 좋다. 분명 "새 나라의 어린이가 일찍 일어났습니다. 잠꾸러기 엄마 아빠 너무너무 괴로워요"라고 부르게 될 것이다.

밤에 아이가 깨서 다시 잠들어야 할 때와 기상 시간을 다르게 하면, 아이는 밤과 아침을 더 쉽게 구분한다. 아이가 밤에 자주 깰 때는 더욱 그렇다. 밤에는 아이가 깨더라도 밝게 인사하지 않는다. 아직 잘 시간이라는 신호를 주는 것이다. 잠자리에서 일어나도 좋은 시간일 때(아침 기상 시간과 낮잠에서 깨는 시간)만 밝게 인사한다.

잠자리에서 일어나기 전에 살짝 아이를 간지럽히거나 콧등을 톡톡 건드려 주거나 짧은 뽀뽀 같은 가벼운 신체 접촉을 해주면 더욱 좋다. 간지럼을 많이 타거나 싫어하는 아이도 많으므로 간지럼 태우기는 좋아하는 아이에게만 하자.

―――― : TIP : ――――

아이의 친구이자 잠 도우미, 애착인형 만들기

애착인형은 아이가 좋아하는 인형인 경우가 많지만 이불이나 베개일 수도 있다 (단, 돌 전 아이에게 부피가 큰 이불이나 베개는 위험할 수 있다).

- **1단계 / 선택하기:** 애착인형은 아이가 물고 빨 수 있으므로 순면이 좋다. 다만 단추처럼 물어뜯으면 떨어지는 부품이 있는 인형은 삼키거나 목에 걸릴 수 있으므로 피한다.
- **2단계 / 세탁하기:** 세탁해서 염색이 빠지는지 확인하고 섬유 냄새도 뺀다. 엄마가 잘 때 2주 정도 품고 자면 천에 엄마 냄새가 입혀져 아이들이 좋아한다.
- **3단계 / 연관 짓기:** 수유할 때 아이와 엄마 품 사이에 애착인형을 끼운다. 수유 시간은 아이가 가장 좋아하는 시간이다. 이처럼 기분이 좋을 때를 애착인형과 연관 지어주면 좋다.
- **4단계 / 함께 생활하기:** 수면의식 중간에 애착인형을 끼운다. 책을 읽거나 마사지를 할 때도 옆에 끼워준다. 늘 함께 생활한다고 여기도록 하면 좋다.
- **5단계 / 찾기:** 수면의식을 할 때 애착인형을 찾는다. "이제 코 자야지? ○○○

(애착인형 이름) 어디 있지? ○○○ 찾아 올까?" 아이가 자라면 졸릴 때 알아서 애착인형을 찾아 오기도 한다.

1:1 집중 놀이

아이와 집중 놀이 하는 시간은 모든 가정이 잘하는 동시에 소홀하기도 한 시간이다. 1:1 집중 놀이 시간은 전화가 와도 받지 않을 만큼 아이에게 집중하는 15분이다. 장난감을 가지고 놀 수도 있고, 택배를 보내러 편의점에 함께 다녀오거나 잠깐 장을 보러 갈 수도 있다. 다만 일을 보느라 정신이 팔려선 곤란하다. 이 시간에는 일을 해도 되고 놀이를 해도 되지만 최우선은 아이와 활발하게 의사소통하는 것이다.

어린이집에 가지 않는 아이라면 오전 10시 전후 시간을 1:1 시간으로 정해둔다. 오전 10시 전후 시간은 생체리듬상 하루 중 집중력이 최고로 높은 시간이므로 책을 읽거나 아이 인지를 자극할 활동을 하는 게 좋다. 어린이집을 가는 아이거나 엄마 아빠가 맞벌이라면 바쁘더라도 아이와 재회한 후에 역시 15분을 1:1 집중 놀이 시간으로 할당하자. 1:1 집중 놀이를 따로 할당하지 않으면 저녁 일정이 늘어져 아이가 잠드는 시간이 늦어질 수 있다.

놀이에 주로 사용되는 재료

주방	집 안 물품	기타 미술 용품
물	아이 장난감 / 블록	각종 테이프
지퍼백(대/중/소)	모래 놀이 장난감	(청테이프, 마스킹테이프 등)
주방 세제	수납 상자	털실 / 리본
블렌더	물뿌리개	플레이 도우
큰 쟁반	베개, 쿠션	폼폼(뽕뽕이)
주방 집게	칫솔	눈알 스티커
과일	청소 솔	(색) 도화지 등 종이
(밀폐) 용기	헤어 젤	하드 막대
커다란 통	베이비오일	붓
국자	베이비 클렌저	풀
계량 컵 / 계량 스푼	키친 타올	가위
컵	막대	물감
냄비 / 프라이팬		모루
이쑤시개		빨래집게
빨대		운동화 끈
머핀 판		
커피 필터		

재활용품	식재료
화장지 심 / 키친타월 심	아이 과자
주스 병 / 물병	캔
택배용 뽁뽁이(에어 캡)	밀가루
택배 상자	전분
양념통	파스타
분유통	식용유 등 오일
	베이킹 소다
	식용색소
	구연산

아이들은 상상하면서 현실의 한계를 넘어선다.
막대기는 마술 지팡이가 되고,
양말은 인형이 되고,
작은 아이는 슈퍼히어로가 된다.

프레드 로저스

3장

월령별 놀이

· · · · · 부모들은 왜 놀이 책을 찾는 걸까? 첫째, 아이의 신체 발달과 두뇌 성장을 돕는 놀이를 찾을 수 있다. 인간의 두뇌는 태어나서 첫 삼 년 동안 가장 비약적으로 발달한다. 이 시기 아이를 둔 부모는 내 아이에게 매일매일 재미있으면서도 뭔가를 배울 수 있는 기회를 주고 싶어 한다. 놀이는 재미와 배움의 기회를 동시에 줄 수 있는 최적안이다. 둘째, 부모와 아이 간 애착을 돈독하게 하는 놀이를 찾을 수도 있다. 아이와 1:1 놀이를 하면 애착 형성에 큰 도움이 될 뿐 아니라 아이의 정서적 성장에도 도움을 준다. 셋째, 육아를 편하게 하는 방법을 찾을 수도 있다. 아이가 태어나는 순간부터 부모는 매일매일 헌신 또는 의무감과 자유로움 사이에서 끊임없이 저울질한다. 아이에게 집중하고 아이를 즐겁게 해주는 시간이 필요한 건 맞지만, 그렇다고 부모가 하루 종일 아이에게만 집중할 수는 없다. 빠르고 간단하게 준비할 놀이 아이디어가 필요하다.

어떤 이유든 좋다. 놀이는 그 모든 이유를 어느 면에서든 만족시켜줄 것이다. "어떤 놀이는 인지 발달에 도움을 주고, 어떤 놀이는 소근육 발달에 도움을 준다"라고 말하지만 그게 그 놀이의 전부는 아니다. 어떤 놀이든 부모가 아이와 함께 하는 것만으로 아이의 신체, 두뇌, 정서를 모두 발달시켜줄 것이다.

이 장에서는 아이 월령에 맞는 놀이를 소개한다. 대부분 주변에 널려 있는 재료로 빠르게 준비할 수 있는 놀이라 부담 없이 시작할 수 있다. 각 놀이에 필요한 재료와 방법을 소개하는 것은 물론 놀이할 때 알면 좋은 팁과 안전을 위한 주의 사항도 이야기하겠다. 어린아이에게는 빨기 습관이 있으므로 작은 물건을 삼킬 우려가 있는 놀이는 특히 주의를 기울였으면 한다. 각자 아이 전문가인 엄마와 아빠의 관찰력과 판단력을 기준으로 아이와 함께 할 놀이를 선택하면 된다.

출생~3개월
놀이

샤론 모알렘이 쓴《아파야 산다》를 읽다가 "뇌가 크면 좁은 산도를 빠져나오기가 너무 힘들기 때문에 인간 뇌는 대부분 생후에 발달된다. …중략… 실제로 이 3개월을 임신의 연장으로 보아 임신 제4기라고 부르는 의사들도 적지 않다"라는 글을 발견했다. '아, 그래서 아이가 백일 전에 그렇게 많이 우는구나. 배 속이 그리워서…'라며 진화의 신비를 감탄했었다. 하지만 감탄도 잠시, 출산으로 퉁퉁 부은 몸을 이끌며 우는 아이를 달래고 젖을 물리고 있자니 '엄마가 이렇게 힘들게 애를 낳았으면 적어도 젖은 아빠한테서 나와야 하는 거 아니야?'라는 원망이 절로 나왔다. 생후 3개월은 엄마들에게 인생을 통틀어 육체적으로 이렇게 힘든 시기가 또 있을까 싶을 정도로 힘든 시기다.

첫 3개월 아이는 아주 연약하다. 아주 귀엽다. 이 소중한 아이의 두뇌를 발달시키기 위해 엄마는 아나운서가 되어 일상을 중계하고, 배우가 되어 상황극을 연기하고, 레크리에이션 강사가 되어 놀이도 이끌어야 한다. 놀이가 아이에게 만능 패라면, 이 만능 패를 쥔 사람은 엄마다. 그만큼 엄마는 아이에게 중요한 사람이다. 그렇지만 엄마도 사람이다. 아이가 안 자고 울면 짜증이 난다. 겨우 잠을 재웠다 싶어도 두세 시간마다 깨 수유를 하고 또 안 자려

는 아이를 보면 '우리 애 잠 좀 자게 해달라고' 누구라도 붙잡고 빌고 싶은 심정이다. 아이 울음 환청 없이 5분이라도 마음 편하게 샤워도 하고 싶다. 뭘 해줘도 우는 아이에게 화가 났다가, 왜 이걸로 화를 냈나 싶어 미안해했다가, 이도 저도 안 돼 눈물이 쏟아지는 엄마도 사람이다. 이 시기가 그런 시기다. 이게 정상인가 싶은데 정상인 그런 시기 말이다.

내게 있는 줄 몰랐던 참을성과 인내심에 감사하자. 이렇게 달라붙어 우는 타인을 참아낸 적이 있던가. 그리고 가끔은 스스로에게 상을 주자. 커피 한 잔이나 5분 샤워도 좋다. 젖이나 분유를 먹이며 (아이 눈 안 보고) 드라마나 유튜브를 봐도 괜찮다. 엄마가 잠깐 엄마 노릇 안 했다고 큰일 안 난다. 혼자서 엄마에 대한 높은 기준을 세워놓고 괴로워하지 말자. 드라마에서 "내가 너를 어떻게 키웠는데!"라며 소리 지르는 엄마들을 떠올리며, 너무 '어떻게' 키우지 말자. 우는 환청이 들리더라도 샤워하고 싶을 때는 하자. 물론 나도 이렇게 말은 하지만 샤워하는 도중에 애가 울까 싶어 무거운 그네를 끙끙대며 욕실에 집어넣고 애를 그네에 태운 채로 샤워한 적이 있다. 어설프고고 누가 뭐라 하지도 않고, 다 어설플 때다. 괜찮다. 나도 아이도.

출생~3개월 아이의 일반적인 발달

태어난 후 백일까지는 하루가 다르게 커가는 시기다. 막 태어났을 땐 엄마 아빠 없이는 아무 것도 할 수 없는 상태지만 점차 몸을 움직이고 주변 사람 표정에 반응을 하기 시작한다. 부모가 느끼기엔 수유-기저귀-달래기 사이클이 매일 무한 반복되는 듯 느껴질 수 있다. 울음은 만 6~9주 사이에 절정에 이르고 이후로는 차츰 잦아든다.

대근육 발달

막 태어났을 땐 고개도 못 가누고 꿈틀꿈틀 하지만 얼마 지나지 않아 고개를 가눈다. 바닥에 엎어두면 고개를 들고 상체를 일으켜 주변을 관찰할 수 있다. 장난감을 쥐어주면 호기심을 보이며 손을 뻗기도 한다. 손에 관심을 보이며 점차 의도적으로 쥐었다 폈다를 반복할 수 있다.

수유와 잠

아직 뚜렷한 패턴을 보이지 않을 수 있다. 처음에는 밤낮 없이 2~3시간마다 젖을 먹여야 하지만, 3개월 정도 되면 밤 수유 간격이 낮 수유 간격보다 늘어난다. 백일이면 밤낮을 구분하므로 수유 횟수나 시간도 일정해진다. 급성장기가 자주 있는 시기라 수유 횟수가 갑자기 늘어나거나 밤에 깨는 횟수가 늘 수 있다.

청각과 시각

엄마 아빠 목소리에 반응하고 특정 소리에 반응하며 소리가 들리는 쪽으로 고개도 돌린다. 아이에게 가장 눈을 끄는 대상은 엄마와 아빠다. 엄마와 아빠를 바라보는 걸 즐긴다. 특히 수유할 때는 엄마와 아빠 눈을 빤히 바라보며 좋아한다. 처음엔 흑백 대비가 명확한 패턴을 선호하다가 점차 사물의 움직임도 인식하는 등 시야가 점점 넓어진다. 시간이 흐르면 움직이는 물건에 맞춰 시선이 따라간다. 엄마 아빠 목소리를 알고 웃음을 짓기도 하고 옹알이를 한다. 익숙한 패턴과 사람 얼굴을 기억한다.

사회성

우는 것 외에는 표정이 없는 듯하다 만 7~8주 무렵 첫 미소를 보여준다. 옹알이를 시작하는 시기다. 엄마 아빠가 아이에게 말을 걸면 옹알이로 답을 하기도 한다. 혀 내밀기 등 상대의 표정을 따라 하기도 한다.

3개월 정도에 다음 행동을 보이면 1차 영유아 건강검진(만 4~6개월) 전이라도 소아청소년과 전문의를 찾아가길 권한다.

- 큰 소리가 나거나 자신을 부를 때 반응하지 않는다.
- 고개를 가누지 못한다.
- 사람을 보거나 목소리를 들어도 웃지 않는다.
- 움직이는 물건에 시선이 따라가지 않는다.
- 자기 손에 관심을 보이지 않는다.
- 눈앞에 물건이 있어도 손을 내밀거나 잡으려 하지 않는다.
- 옹알이를 하지 않는다.
- 양 눈이 자주 모아진다.

아이마다 발달 속도가 다르고 일시적으로 보이는 행동일 수 있지만 불안을 끌어안기보다는 상담해서 빨리 털어내는 게 좋다. 아이를 키우다 보면 엄마와 아빠만의 육감이란 게 있다. 위에 제시한 행동이 아니더라도 어딘지 염려되는 점이 보이면 주저하지 말고 전문의와 상담하자. 평소에 궁금한 점은 포스트잇에 적어 아이수첩(모자보건수첩)에 붙여놨다 예방접종을 하러 병원에 들렀을 때 보면서 상담하면 좋다.

놀이에 필요한 도구: 촉감 놀이 지퍼백, 거울, 모빌, 풍선, 속싸개/아이 이불, 알루미늄 접시/택배 상자, 요가 볼/비치 볼

터미타임
(대근육, 균형 감각, 눈-손 협응력)

앉고 기기 전 아이에게 필요한 놀이를 한 가지만 꼽으라고 하면 단연코 터미타임이다. 터미타임은 아이를 바닥에 엎어놓는 것을 말한다. 한때 머리 모양을 예쁘게 만든다며 엎어서 재우기가 유행한 적이 있는데, 엎은 채로 재우면 영아 돌연사 확률이 높아진다. 터미타임 자세로 아이를 재워선 절대 안 된다! 반드시 똑바로 눕혀서 재우자. 재울 때 엎어 재울 수 없으므로 평소 놀이 시간에 엎어놓는 시간을 늘려야 한다.

터미타임은 다양한 자세를 취하게 하여 다양한 시각으로 사물을 바라볼 수 있도록 돕는 자세다. 목과 등 근육을 발달시킬 뿐만 아니라 균형 잡힌 머리 모양으로 자라게 한다. 엄밀히 말하면 터미타임은 놀이라기보단 놀이 자세다. 출생 직후부터 하길 권하는 놀이 자세다. 막상 터미타임을 시작하면 거의 모든 아이가 싫어한다. 왜? 힘들기 때문이다. 그렇지만 하다 보면 아이도 좋아하고 그 어떤 놀이보다 장점이 많다.

자세

흔히 '터미타임' 하면 아래 그림에서 왼쪽 자세를 떠올릴 것이다. 나도 그랬다. 생후 40일경 아이에게 터미타임 자세를 시도해봤다. 아이는 얼굴이 빨개지도록 기를 쓰고 고개를 들려 했는데 되지 않자 낑낑대다 울기 시작했다. 도무지 이건 아니지 싶어 자료를 찾았다. 작업치료사들은 신생아 시기에 오른쪽과 같은 자세로 터미타임을 시도하길 권한다. 오른쪽 자세라면 아이들도 덜 힘들어한다. 이 자세도 터미타임이다. 시작해보자.

언제부터 & 얼마나

미국소아과학회는 출생 직후부터 3~5분씩 하루 두세 번 하라고 권한다. 하루 20분 정도면 충분하다는 의미다. 미국소아물리치료학회에서는 만 4개월 성도에 하루 80분 정도 해주면 신체 발달 속도가 빨라진다고 말한다. 아이마다 신체 발달 정도와 속도가 다르므로 욕심내지 말고 천천히 시간을 늘려보자.

놀이 팁 1: 다양한 자세로 바꿔보자

큰 기대를 안고 터미타임을 시도했는데 10초도 지나지 않아 아이가 낑낑대더라도 실망하지 말자. 원래 그렇다. 모든 아이가 다 그렇게 시작한다. 다음과 같이 터미타임 자세를 바꿔주면 아이가 쉽게 터미타임을 할 수 있고 점차 즐거워한다. ①가슴 위에 아이를 엎어두고 양팔로 아이 몸을 잡은 다음 말을 걸어도 좋다. ②허벅지에 아이를 엎어두고 한 손은 엉덩이를 잡고 다른 한 손으로는 아이 손을 주무르듯 만지고 말을 걸어준다. ③다리(정강이) 시소 놀이 전 단계로 아이를 부모 정강이 위에 엎어두고 양팔로 아이 몸을 잡아 고정한다. 다리를 고정하거나 살짝 오르락내리락하며 말을 건다. ④팔을 지지대 삼아 아이를 엎드리게 한 후 걸어 다녀도 좋다. 보기보다 아이들이 편하게 느끼는 자세라 이 자세로 걸어 다니면 잠드는 아이도 많다.

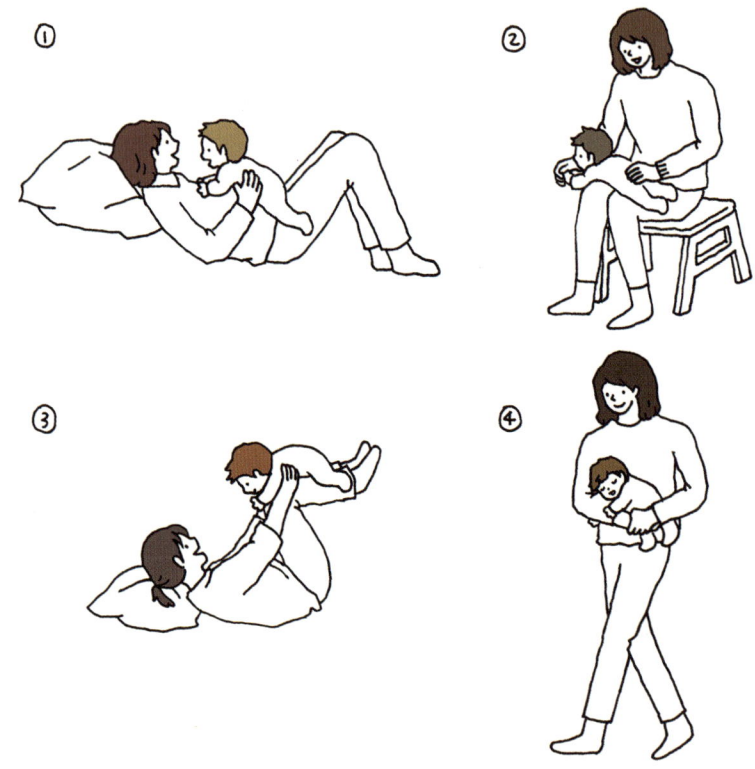

놀이 팁 2: 다른 놀이를 더해보자(터미타임+촉감 놀이)

똑같은 놀이를 반복해도 아이는 즐거워하지만 부모가 싫증날 수 있다. 이럴 땐 다양한 방법으로 터미타임을 해보자. 아이는 더 다양한 반응을 보여주고 그런 반응에 부모는 더 즐거워진다. 뭐든 입으로 넣고 보는 월령이라도 지퍼백이 있으면 촉감 놀이를 할 수 있다. 도화지에 물감을 짜고 커다란 지퍼백에 넣은 다음 지퍼를 닫자. 그림과 같이 지퍼백에 손바닥이 닿게 하고 엎어두자. 손바닥이 움직일 때마다 색과 모양이 바뀌면 아이가 어떤 반응을 보이는지 살펴보자. 어느 날은 별 반응을 보이지 않고, 또 어느 날은 매우 흥미로워하며 더 많이 움직이는 걸 볼 수 있다. 집중할 게 생기면 터미타임이 자세가 아니라 놀이로 바뀐다.

놀이 팁 3: 보조 도구도 활용하자

아이가 터미타임을 할 때 팔을 좀 더 자유롭게 움직이게 하려면 큰 수건이나 작은 이불을 돌돌 말아 아이 가슴 아래에 받쳐준다. 수유 쿠션, 목 베개, 바디 필로우를 받쳐줘도 좋다. 상체가 들어 올려지므로 시야가 좀 더 넓게 확보되고 가슴으로 몸을 지탱하기 편해져 팔을 조금씩 움직이려고 한다. 기본 자세보다 덜 힘들고 시간이 흐를수록 몸으로 할 수 있는 행동이 늘어나므로 아이들도 더 오래 즐길 수 있다.

놀이 팁 4: 목표를 설정하자

터미타임을 하면서 아이가 손을 뻗어 닿을 만한 위치에 아이가 좋아하는 장난감을 놓아두자. 어른도 그렇지만 아이들도 목표가 눈에 보이면 더 노력한다. 장난감을 손에 넣기 위해 더 오래 터미타임을 할 수 있다.

지퍼백 놀이
(촉감, 눈-손 협응력, 대근육, 집중력)

재료: 지퍼백, 쌀/파스타 면/마시멜로, 물감, 헤어 젤/샤워 젤, 눈알 스티커, 나뭇잎

터미타임을 시작하는 신생아 시기부터 말을 알아듣는 24개월 전후 시기까지 어느 월령에나 사용할 수 있다. 더욱이 간단히 만들 수 있으므로 다양하게 만들어두면 좋다. 쌀, 파스타 면, 마시멜로, 설탕/소금, 물 등 질감이 느껴지는 것이라면 무엇이든 지퍼백에 담아뒀다 아이가 놀 때 서너 개 꺼내준다. 내용물이 지퍼백에 싸여 있어 주변이 어지러워지지도 않는다. 내용물이 깨끗하게 보관되므로 언제든 필요할 때 꺼내 쓸 수도 있다.

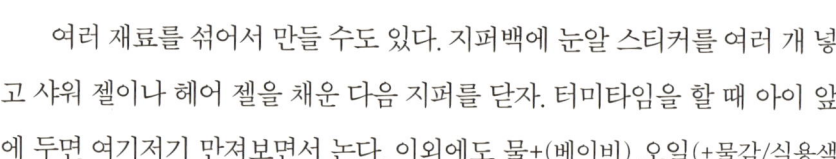

여러 재료를 섞어서 만들 수도 있다. 지퍼백에 눈알 스티커를 여러 개 넣고 샤워 젤이나 헤어 젤을 채운 다음 지퍼를 닫자. 터미타임을 할 때 아이 앞에 두면 여기저기 만져보면서 논다. 이외에도 물+(베이비) 오일(+물감/식용색소)을 섞어도 좋고 물 또는 (베이비)오일+개구리 알을 섞어서 담아도 좋다.

── : 주의 : ──

아이가 지퍼백을 통째로 들어 입과 손으로 비닐을 찢거나 지퍼를 열 수 있다. 언제 이렇게 힘이 세지고 응용력이 생길지 모른다. 꼭 옆에서 지켜봐야 한다.

놀이 팁

1 / 지퍼백에 내용물을 넣을 때는 꽉 차지 않게 넣어야 한다. 그래야 내용물의 촉감을 느낄 수 있다.
2 / 지퍼백 가장자리를 청테이프로 한 번 더 붙여주자. 지퍼를 여닫는 부분이나 모서리가 찢어져도 내용물이 튀어나와 아이 옷이나 몸에 묻지 않고 집 안이 엉망이 되는 것도 막을 수 있다.
3 / 아이가 어릴 때는 지퍼백이 움직이지 않도록 바닥에 접착테이프를 붙여주자. 집중력이 흐트러지는 걸 막을 수 있고 입에 넣을 확률도 줄어든다.

거울 보기&옆으로 누워서 놀기
(대근육, 균형 감각, 두상, 시력)

재료: 거울, 쿠션, 패턴 포스터/사진

아이는 꼭 똑바로 눕혀 재워야 하므로, 낮잠 시간을 제외한 나머지 시간에는 터미타임과 더불어 옆으로 눕힌 자세로 둬서 뒤통수가 눌리지 않도록 신경 쓰자. 집 안에 커다란 거울이 있다면 아이 맞은편에 두고 아이를 옆으로 눕혀 아이가 거울을 바라보게 하자. 거울은 넘어지지 않도록 신경 써서 위치를 잡아야 한다. 고정할 수 있는 무언가가 있다면 좋다. 옆으로 눕힌 채 거울을 보게 하면 아이 손이 중력과 싸울 필요가 없어 손 움직임이 활발해진다. 아이 등 쪽에 돌돌 만 목욕 수건이나 베개 또는 쿠션을 끼워놓으면 아이가 기댈 게 생겨 옆으로 더 오래 누워 있는다. 거울 대신 커다란 패턴 포스터나 가족사진 등을 보여줘도 좋다.

놀이 팁

1/ 한쪽 방향으로만 누워 있지 않도록 중간중간 아이 방향을 바꿔준다.
2/ 전신거울이 있다면 가끔은 아이를 무릎에 앉히고 거울 속에 비친 아이 전신을 바라보게 해주자. 누워 있을 때와 또 다르다.

모빌 놀이
(대근육, 시력, 집중력, 인과관계 인지)

재료: 모빌, 끈

모빌은 이 시기 가장 유용한 놀이 용품이다. 처음에는 흑백 모빌로 시작해서 백일이 넘어가면 컬러 모빌로 바꿔주면 좋다. 창문을 열거나 선풍기를 약하게 틀어 바람에 모빌이 흔들리도록 두면 아이는 한동안 가만히 모빌을 바라보며 즐긴다. 건전지로 작동하는 움직이는 모빌이나 음악이 나오는 모빌도 기대 이상으로 아이들이 좋아한다.

모빌이 넘어지거나 떨어지지 않도록 잘 고정한 다음, 모빌과 아이 한쪽 팔 또는 한쪽 발을 끈으로 연결해도 좋다. 끈이 꼬이거나 몸에 감길 수 있으므로 바로 옆에서 눈을 떼지 말고 지켜보자.

놀이 팁

1/ 모빌을 아이 몸과 연결하지 않은 상태로 먼저 아이 시선과 몸의 움직임을 지켜보자.
2/ 모빌을 아이 한쪽 팔이나 발에 연결하고 아이 움직임을 비교해보자. 모빌과 아이 몸이 연결되지 않을 때보다 움직임이 더 활발해지는 걸 볼 수 있다. 마치 아이가 자신의 팔이나 발을 움직이면 모빌이 움직인다는 걸 눈치 채고 모빌을 움직여보려고 노력하는 것처럼 보일 정도다.

── : TIP : ──

일반적으로 생후 2, 3, 4개월 아이의 움직임이 조금씩 다르다고 한다. 2개월에는 팔이든 발이든 모두 움직이고, 3개월에는 발보다 팔을 더 많이 움직이고, 4개월에는 모빌과 연결된 팔만 더 많이 움직인다고 한다. 여기서 모빌과 연결된 끈을 떼어내면 아이가 움직여도 반응이 없는 모빌에 짜증도 낸다고 하니 그것도 관찰하고 싶다면 실험해보자.

풍선 놀이
(대근육, 눈-손 협응력, 집중력, 인과관계 인지)

재료: 풍선, 끈

모빌 놀이와 비슷하다. 이번엔 아이 팔에 모빌 대신 풍선을 연결하자. 풍선을 아이 팔에 연결할 때 한 번은 한쪽 팔에만 풍선 끈을 매주고 다른 한 번은 양쪽 팔에 풍선 끈을 각각 하나씩 매서 반응을 비교해보자. 발목에도 풍선을 하나 더 달면 어떤 반응일까? 끈끼리 꼬이지 않게 옆에서 늘 지켜봐야 한다.

꿀벌 간지럼 놀이
(청각, 촉각, 인과관계 인지, 사회성)

청각은 엄마 배 속에서부터 발달하고 나머지 감각은 태어나면서부터 발달한다. 이 놀이로 소리 방향에 대한 감각을 익힐 수 있을 뿐 아니라 목 동작이나 몸동작을 더욱 유연하게 할 수 있다. 아이를 부드러운 이불 위에 눕히고 아이 옆에 앉는다. 윙~윙~ 벌 소리를 내면서 아이 몸 근처에서 두 손가락을 왔다 갔다 하며 벌이 다가오는 흉내를 낸다. 몇 초 후 두 손가락으로 아이 몸에 벌이 기어오르듯 간지럽히면서 "벌이 왔어요~"라고 말한다. 아이 반응을 살피며 아이 몸 이곳저곳에 벌이 기어오르게 한다. 벌 소리도 여러 톤으로 내면 좋다.

변형: 거미가 줄을 타고 올라갑니다 놀이

이번엔 벌이 아니라 거미다. 윙윙~ 소리 대신에 〈거미가 줄을 타고 올라갑니다〉 노래를 부른다. "거미가 줄을 타고 올라갑니다 / 비가 오면 부서집니다 / 햇님이 다시 솟아오르면 / 거미가 줄을 타고 내려갑니다" 아이가 이 놀이에 익숙해지면 나중엔 노래만 불러도 키득키득 웃으며 간지럼 태우기를 기대한다.

= : TIP : =

어린아이에게 간지럼을 태울 때는 언제부터 아이가 간지럼에 반응을 보이는지 기억해두자. 자기 몸과 주변 환경(엄마 포함!)을 별개로 인지할 때부터 간지럼을 느낀다고 한다. 대개 백일 전후로 간지럼을 타기 시작한다고 한다.

━━━━ : 주의 | 간지럼은 심하게 태우지 말자! : ━━━━

간지럼 태우기는 오래 전부터 내려오는 어른-아이 사이의 놀이지만 예민한 아이들은 간지럼을 태우면 힘들어한다. 무엇보다 간지럼을 싫어하는 아이라도 웃음을 터트릴 수밖에 없다는 게 문제다. 표정만 봐서는 간지럼 자동 반응으로 웃는지, 간지럼이 재밌어서 웃는지 알 길이 없다. 재밌어 보이더라도 간지럼은 살짝 조심해서 태워야 한다. 아이가 싫어하는 표정을 보이거나 그만두라고 하면 당장 그만둬야 한다. 의사소통이 어려운 아이와 간지럽히기 놀이를 할 때는 아주 약하게 하고 아이의 반응을 분명히 살피자. 간지럼을 심하게 타는 아이에게는 처음 한 번만 손가락으로 쿡 찌르고 그다음부터는 손가락 시늉만 해도 충분하다.

메롱 놀이
(시각, 인과관계 인지, 사회성)

혀 내밀기인 메롱 놀이는 나중엔 아이가 절대로 하지 않았으면 하는 놀이지만, 신생아일 때는 정말 재미있는 놀이다. 자기 의도대로 아무것도 할 수 없는 시기지만 아이가 자기 몸에서 그나마 자유롭게 움직일 수 있는 곳이 '입'이기 때문이다. 한번 시작하면 한동안 계속할 것 같지만 특정 시기에만 하는 행동이니 사진과 동영상으로 꼭 남겨두길 권한다.

혀 내밀기는 한 달된 아이는 물론 태어난 지 며칠 되지 않은 아이도 따라할 수 있는 매우 쉬운 행동으로, 아이와 마주 보며 "메롱~" 하고 혀를 내밀면 아이도 잠시 후에 따라서 혀를 내민다고 알려져 있다. 이게 정말 엄마 아빠 흉내를 내며 혀를 내미는 것인지, 그저 아이가 가지고 태어나는 습관 중 하나로 우연히 그때를 맞춰 혀를 내미는 것인지는 여전히 논쟁 중이다. 그래도 손해 볼 건 없으니 한번 해보자. 그리고 기다려보자. 처음엔 그저 입술과 혀를 움찔 움찔하다 말지 모르지만, 시간을 충분히 주고 기다리면 아이도 따라서 혀를 쭈욱~ 내밀어 엄마 아빠에게 '메롱~'할지도 모른다. 혹시 아이도 따라서 혀를 내밀거든 '우리 아이가 드디어 혀를 인식했구나!' 하며 기뻐하면 된다. 혹시 따라 하지 않으면 '저 연구는 엉터리였네' 하고 잊어버리자. 그리고 며칠 뒤에 또 한 번 해보자. 역시 손해 볼 건 없으니까!

───── :TIP: ─────

아이가 혀를 내밀거든 다음 사진처럼 아이 앞에서 하품하듯 입을 벌리거나 입술을 내밀어보자. 마찬가지로 내 아이가 따라 하면 '우리 아이 천재!', 따라 하지 않으면 '이 연구, 엉터리!'

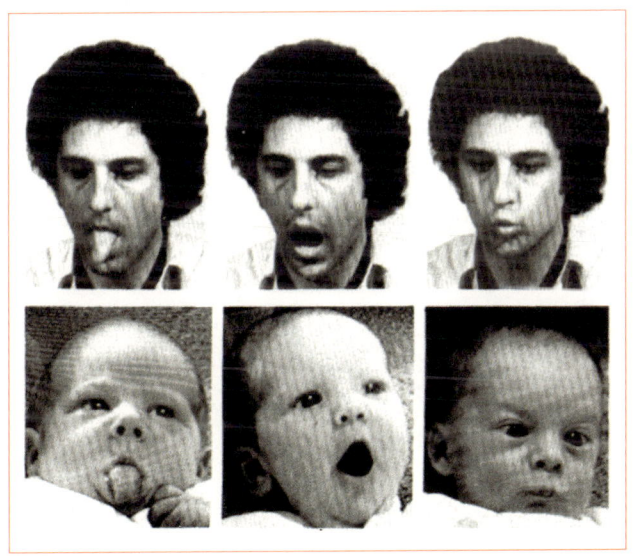

출처: Meltzoff, A. N., & Moore, M. K. (1977). Imitation of facial and manual gestures by human neonates. Science, 198(4312), 75-78.

메롱이냐 손이냐
(시각, 인과관계 인지, 사회성)

메롱 놀이가 나온 김에 하나 더. 메롱 놀이와 달리 이번엔 별 표정 없이 1분 동안 아이를 바라보자. 1분 동안 아이가 얼마나 혀를 내밀어 '메롱~'을 하는지, 얼마나 손을 내밀어 소통하려고 하는지 살펴보자. 2개월, 4개월, 6개월 아이에 차이가 있다고 한다. 2개월 아이는 6개월 아이에 비해 혀를 훨씬 더 많이 내밀고 손은 내밀지 않는다고 한다. 6개월 아이는 혀는 별로 내밀지 않고 손을 내민다고 한다. 아이 앞에 사람 모양 인형을 보여주면 이 경향이 더 강해진다고 알려져 있다. 아이에게 혀는 상호작용을 이끌어내는 수단인 모양이다.

노래, 노래, 노래!
(청각, 사회성)

아이는 신생아 시기부터 음악 박자에 민감하다고 알려져 있다. 뇌파는 전기신호를 이용해야만 관찰할 수 있어서 육안으로 이러한 감각을 확인하기가 쉽지 않지만, 일단 그렇다고 알고는 있자. 심지어 아이는 아이 말투 말소리보다 아이 말투 노래를 훨씬 더 좋아한다고 알려져 있다. 실제로 예방접종처럼 아이가 스트레스를 받는 상황이라면 말보다 노래를 들려주는 게 효과가 있다.

윗몸일으키기
(어깨·등·팔 등의 대근육, 균형 감각)

아이 팔목을 잡고 천천히 끌어올리면 아이는 윗몸을 일으키며 앉으려 한다. 아이가 스스로 몸을 일으키는 건 아니지만 아이 배 근육에 힘이 들어가므로 고개를 몸에 맞추려고 노력하게 되어 근육과 균형 감각을 발달시킬 수 있다. 목을 가누지 못하는 아이라면 베개로 머리를 받쳐주거나 엄마 아빠가 두 손으로 아이 목과 머리를 동시에 받쳐 윗몸일으키기를 도와줄 수 있다.

: TIP :

처음엔 바닥에서 5센티미터가량만 올라오도록 해보자. 그러다 자신감이 생기면 눕힌 자세에서 시작해 앉힌 자세로 끝나도록 상체를 들어 올려보자. 이때도 역시 "영차, 영차" 같은 소리를 내 응원을 해주면 좋다.

자전거 타기 놀이
(대근육)

신생아 배 속에 찬 공기를 빼는 데 도움을 준다고 알려진 놀이다. 양다리가 배에 가까워지도록 동시에 오므리거나 양다리를 번갈아가며 굴려준다. 양다리로 번갈아 굴리는 모습이 자전거 바퀴를 굴리는 모습과 같다고 해서 자전거 타기라고 부른다. 배, 다리, 엉덩이, 무릎, 골반 근육의 움직임을 돕는 운동이기도 하다.

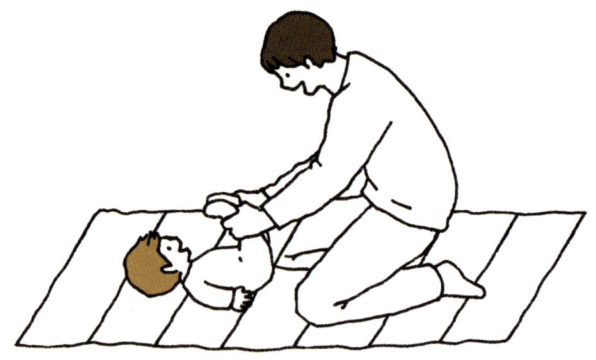

TIP

자전거 타기 놀이를 할 때는 "따르릉, 따르릉, 비켜나세요 / 자전거가 나갑니다 따르르르릉…" 노래를 불러주자. 자전거 타기 놀이는 한 번 할 때 대여섯 번 하고 잠깐 멈춰 아이 반응을 살핀다. 눈을 똑바로 바라보거나 웃거나 다리를 차는 등 다시 해주길 기대하는 신호를 보내면 다시 한 번 해준다.

팔다리 스트레칭
(대근육)

아이는 엄마 배 속에서 웅크린 자세로 있었기 때문에 일자로 쭉 편 자세가 아직은 낯설다. 하지만 엄마 아빠가 웃으면서 몸을 만져주고 쭉쭉 펴주면 좋아한다. 왼팔과 오른 다리를 쭉 펴서 늘여주고, 이어서 오른팔과 왼 다리를 쭉 펴서 늘여주길 반복한다. 마무리로 두 다리를 위로 올려 온몸의 근육을 쭈욱 늘여준다. 다음으로 아이를 눕힌 채 양팔을 아이 가슴 위로 교차시켰다가 다시 양팔을 활짝 펼쳐주길 반복한다. 아이를 눕힌 채 양팔을 아이 머리 위로 올렸다가 다시 양팔을 내려 차려 자세로 만들길 반복한다.

: 펜싱 자세 반사 반응 :

아이는 여러 가지 반사 반응을 가지고 태어난다. 그중 펜싱 자세 반사 반응이라는 별명이 붙은 비대칭 목 강직 반사 반응이 있다. 아이를 똑바로 눕힌 후 고개를 한쪽으로 돌리면 얼굴이 향한 쪽 팔과 다리는 쭉 펴고, 반대쪽 팔과 다리는 웅크리는 비대칭 자세를 취한다. 실제로 "우리 애는 펜싱선수가 되려나 봐요!"라는 메시지와 함께 그림과 같은 사진을 보내준 블로그 이웃이 여럿 있었다. 빨기 반사처럼 목석이 뚜렷한 신생아 반사 반응과 달리, 이 반응이 왜 나타나는지는 전문가도 모른다고 한다. 게다가 생후 3~6개월 사이에 사라지는 반사 반응이라 (아는 사람만) 아주 짧은 시간만 관찰할 수 있다. 따라서 이 반사 반응은 사진으로 꼭 남겨두길 바란다. 사진에 펜싱 검을 그려넣고 지인들에게 보내보면 어떨까?

신생아 반사 반응 테스트

아이는 몇 가지 반사 반응을 갖고 태어난다. 반사 반응을 알고나서 얼마나 감탄했는지 모른다. 대체 왜 이런 반사 반응을 가지고 태어나고, 왜 신생아 시기가 끝날 무렵 사라지는 건지 신기할 따름이다. 반사 반응은 중추신경계 하부 영역에서 조절하는 행동으로 무의식적으로 나타난다. 신생아 반사 반응은 아이가 자라면서 자연스럽게 사라지거나 의도적인 행동으로 바뀐다. 간단하게 테스트해볼 수 있으니 한번 해보자. 아는 만큼 감탄할 일도 늘어난다.

빨기 반사나 젖 찾기 반사: 하루에도 몇 번씩 보게 될 흔한 반사 반응이라 굳이 소개하지 않아도 될 정도다. 다만 이 반사 반응이 사라지기 시작하는 4개월 이후가 더 신기하다. 빨기 반사 반응이 아직 남아 있는지 알아보는 방법은 간단하다. 아이 코입술주름을 따라 선을 그어보자. 다시 코입술주름을 따라 약간 거리를 두고 선을 그어보자. 한 번 더 긋는 쪽을 향해 입을 움찔거리면 빨기 반사 반응이 아직 남아 있는 거다. 반사 반응이 남아 있을 때 입이 움찔움찔하는 모습은 너무 귀여워 보인다. 이 테스트는 반사 반응이 사라져야 할 시기인데도 남아 있는 아이를 치료하는 방법이기도 하니 자주 해줘도 해는 없다.

바빈스키 반사: 아이 발바닥을 간지럽히면 모든 발가락을 각 방향으로 부채처럼 활짝 편다. 13~24개월에 사라지는 반사 반응이다. 이 반응이 사라진 후에는 성인처럼 발가락을 발바닥 쪽으로 오므린다.

팔머 잡기 반사: 아이 손바닥에 뭔가를 대면 손가락을 오므려 꼭 쥐려고 한다. 아이 양손에 엄마 아빠 손가락을 하나씩 대주면 아이가 꽉 쥐는데, 이때 힘이 얼마나 센지 그 상태로 들어 올리면 아이 몸이 따라 올라와 매달릴 정도라고 한다. 나는 겁이 많아서 아이가 매달릴 만큼 들어 올려보지는 못했다. 생후 4~5개월 즈음에는 무의식적인 반사가 아니라 그 물건을 잡으려는 의도적인 행동으로 바뀐다. 신생아 시기에 팔머 잡기 반사를 테스트해봤다면, 아이가 손바닥을 펴고 있을 때 한 번쯤 이런 테스트도 해보자. ①아이 손금을 보듯이 손을 편다. ②엄지와 검지 사이에서 시작되어 손목 근처로 이어지는 생명선을 따라 손가락으로 선을 쭉 그어보자. 팔머 잡기 반사가 사라졌다면 이렇게 해도 손이나 팔을 움찔하지 않는다. ③양손 모두 해보자. 4~5개월이 지났는데도 손이나 팔을 움찔한다면 이 테스트를 매일 대여섯 번씩 계속 해주는 게 도움이 된다.

모로 반사: 속싸개를 하지 않은 채 아이를 안고 있다가 바닥에 눕히려고 하면 아이가 팔을 휘두르며 뭔가를 부여잡으려는 듯한 행동을 한다. 15년 전만 해도 낯선 신생아 반사였는데, 수면교육이 널리 알려지면서 신생아 대표 반사로 꼽히고 있다. 안고 있던 아이를 바닥에 눕히려고 할 때 자주 볼 수 있는 반사라 초보 엄마들에겐 '등짝센서'로도 알려져 있다. 모로 반사는 갑자기 큰 소리가 나거나 자세 변화가 클 때 나타나는데 생후 4~5개월부터 점차 사라진다. 모로 반사와 펜싱 자세 반사 반응이 사라졌는지 알 수 있는 방법이 있는데 놀이처럼 할 수 있는 방법이므로 이후에 다시 소개하겠다.

갈란트 반사: 아이를 엎드려놓고 한쪽 등을 따라 문지르면 그 쪽으로 신체를 굽힌다. 이 반사는 생후 4~6개월이면 사라진다. 신생아 시기에 갈란트 반사를 테스트해봤다면 아이가 기기 시작할 때쯤 다시 한 번 해보자. 아이가 기려고 등을 위쪽으로 했을 때 척추를 따라 바로 옆으로 선을 쭉 그어주면 움찔할 뿐 몸을 웅크리진 않는다. 반대쪽도 마찬가지다.

걷기 반사: 아이 양쪽 겨드랑이에 엄마 아빠 팔을 끼고 아이 발바닥이 바닥에 닿게 하면 걷는 시늉을 한다. 아이가 자라, 서고 걷는 의도적인 행동으로 바뀌는 반사 반응이다.

밥킨 반사: 아이 손바닥 중앙을 꾹 누르면 어미 새가 잡아온 벌레를 받아먹으려는 새끼처럼 입을 쫙 벌린다. 생후 5개월경에 사라지는 게 정상이다.

─────── : 주의 : ───────

신생아의 몸은 깜짝 놀랄 만큼 작다. 나는 아이가 이렇게 작은 줄 몰랐다. 그래서 더 조마조마했는지도 모른다. 너무 작아 반사 반응 테스트를 해도 차이를 모를 수 있다. 인터넷에 물어봐도 아이를 직접 보고 만지는 게 아니니 제대로 알기 힘들다. 반사 반응이 없거나 사라지지 않았다고 해서 늘 문제인 건 아니다. 이 테스트들은 말 그대로 재미로 하길 바란다. 진단이 필요해 보이면 소아청소년과 전문의에게 맡기자. 자가진단은 하지 말자. 반사 반응을 한 번에 다 해보려는 욕심도 내지 말자. 테스트한다고 괜히 아이를 울리지 말자. 안 해도 그만인 테스트다. 시간 나고 여유 있을 때 하나씩 해보자.

베이비 레그프레스
(대근육, 청각, 인과관계 인지)

재료: 알루미늄 접시, 책, 냄비 뚜껑, 택배 상자 등 아이가 발로 찰 수 있는 물건

아이 버전 레그프레스도 시켜보자. 아이를 눕히고 일회용 알루미늄 접시를 아이 발 근처에 가져다 놓으면 우연히 차게 된다. 처음 몇 번은 우연히 차지만, 아이는 발에 독특한 촉감을 느끼면서 소리가 난다는 걸 알고 의도적으로 발로 차면서 밀려고 노력한다.

===== :TIP: =====

일회용 알루미늄 접시 대신 책, 냄비 뚜껑, 쟁반 등 아이가 밀어 찰 수 있는 물건이라면 무엇이든 좋다. 택배 상자 한쪽 면도 좋다. 택배 상자 면에 한지를 붙여 또 다른 촉감이 느껴지게 해도 좋다.

김밥 말기
(대근육, 균형 감각)

재료: 속싸개나 아기 이불

속싸개를 싼 채로 혹은 속싸개 없이 뒤집기 → 되뒤집기 → 뒤집기 → 되뒤집기를 반복하듯 돌돌 돌려준다.

손수건 살랑살랑 놀이
(눈 추적, 촉감)

재료: 색이 화려한 손수건이나 스카프

아이가 누워만 있을 때 색상이 화려한 손수건을 아이 눈 위에서 살살 흔들어주는 것만으로도 눈 추적 기능을 발달시킬 수 있다. 아이 눈에서 20~30센티미터 거리를 두고 흔들어보고 눈앞에서도 흔들어보자. 또 손수건 끝이 아이 몸에 살짝 닿게 하여 아이 몸을 쓰다듬듯 흔들어보자. 간질간질한 느낌이라 촉감 놀이로 좋다. 다음과 같이 월령별로 다양하게 변형할 수 있다.

(6개월+) 손수건 받기 놀이: 엄마가 일어서서 "손수건 떨어집니다~"라고 말하고 손수건을 아이 앞으로 떨어트린다. 앉아 있는 아이는 손수건을 받는다. 아이가 좀 더 자라면 손수건을 공처럼 돌돌 말아서 손수건을 던지고 받는 놀이로 변형할 수 있다.

(6개월+) 손수건 꺼내기 놀이: 물티슈 봉지에 물티슈 대신 손수건을 넣어 뽑아도 뽑아도 계속 나오는 물티슈 놀이로 변형한다.

(9개월+) 손수건 줄다리기: 아이가 앉아서 어느 정도 자신의 몸을 지탱하면 손수건의 한쪽 끝을 잡게 하고 다른 한쪽을 잡아당겨 줄다리기를 한다. 아이가 힘 조절을 할 수 있으면 긴 스카프를 이용한다. 아이가 뒤로 넘어질 수 있으므로 아이 등 쪽에는 푹신한 쿠션을 깔아둔다.

(9개월+) 손수건 움직임에 맞춰 춤추기: 손수건을 오르락내리락하면서 음악에 맞춰 춤을 추면 아이는 박수를 치며 좋아한다. 손수건을 오르락내리락하면서 아이 몸에 살짝살짝 닿게 하는 것도 잊지 말자.

(9개월+) 손수건 머리 위로 던지기: 손수건을 엄마 머리 위로 던지고 아이 반응을 살피자. 엄마 머리 위로 손수건이 떨어졌는데 엄마 눈이 가려졌다면 최고다. 까꿍 놀이 효과를 낼 수 있기 때문이다. 다음으로 아이 머리 위로 던져보자. 까르르 웃음 보장!

(12개월+) 인형 업기 놀이: 손수건보다 넓은 스카프나 보자기라야 한다. 아이 등에 인형을 업혀 엄마 아빠 역할 놀이를 한다(엄마 아빠는 인형 아이 역할). 슬링을 사용할 때처럼 인형을 앞쪽으로 안겨줘도 좋다.

(24개월+) 손수건을 잡아라: 손수건보다 긴 스카프가 좋다. 스카프 한쪽 끝에 아이가 좋아하는 장난감을 하나 매달고 살살 달려보자. 아이도 뛴다.

(24개월+) 팔찌 손수건 돌리기 놀이: 손수건을 길게 돌돌 말아 팔찌 등에 끼우고 손수건 양쪽 끝을 팽팽하게 잡아당기며 돌려보자. 팔찌가 빙빙 도는 모습이 신기하게 느껴져 아이도 따라 하고 싶어 한다. 잘 안 되겠지만 해보는 데 의미를 두자. 아이가 한쪽 끝을 잡고 엄마 아빠가 다른 한쪽을 잡아서 돌리면 더 잘되는지도 보자.

(24개월+) 눈 가리고 찾기 놀이: 스카프를 돌돌 말아 엄마 아빠 눈을 가리고 아이가 박수 치면 소리 나는 쪽으로 걸어가 아이를 잡는 놀이다. 아이 눈을 가리는 건 아직 위험하므로 술래는 언제나 엄마 아빠 몫이다. 아이도 술래를 해보고 싶어 하면 안전한 곳에서만 하게 한다.

공차기 놀이
(대근육, 균형 감각)

아이를 엄마 무릎에 앉히고 아이 겨드랑이에 엄마 팔을 끼운다. 아빠나 다른 사람이 공을 굴려주면 아이가 발로 차게 한다.

베이비 레그프레스, 김밥 말기, 공차기 놀이 등은 전정 자극에 좋다. 전정 자극은 머리가 움직일 때 귀 안의 전정기관을 자극하여 뇌로 전달되면서 느끼는 자극이다. 아이는 엄마 배 속에 있을 때 양수에 뜬 상태다 보니 몸과 머리가 약간씩 흔들리는 자극을 받는다. 따라서 태어난 후에도 살살 흔들어주면 안정감을 느낀다. 이것이 전정 자극이다. 귀 안의 전정기관은 균형 감각에도 영향을 주므로 결국 모든 신체 활동에 중요한 역할을 담당한다. 전정기관을 자극할 때는 아이 몸을 직접 흔들지 말고 아이를 안은 엄마 아빠가 자기 몸을 천천히 흔들어 간접적으로 흔들어주는 게 좋다. 예민하고 잘 우는 아이라면 그네를 이용해도 좋다. 아이의 전정기관을 자극하여 안정감을 주는 활동은 다음과 같다.

◎ **아이를 안고 흔들어주거나 아이를 들어올렸다 놓기를 반복해 아이 무릎이 굽혔다 펴지도록 한다.**
◎ **아이를 안고 계단을 오르내리거나 춤을 춘다.**
◎ **아이를 요가 공에 앉힌 채 살살 바운스한다** (121쪽 공 타기 참조).
◎ **양다리를 펴고 다리 위에 아이를 눕히거나 앉힌 후에 다리를 번갈아 살짝 올렸나 내렸디를 반복한다. 이때 <리리리 자로 끝나는 말은> 음에 '노를 저어라, 시냇물 따라, 기쁘게 즐겁게, 즐겁게 기쁘게, 노를 저어라' 가사를 붙여 노래를 부른다.**

손발 짝! 놀이
(대근육)

아이가 누운 채로 왼손-오른발, 오른손-왼발을 번갈아가며 터치하게 한다. 손과 팔과 다리를 허리 너머로 움직여 정중선을 교차하도록 하는 놀이다.

　정중선은 신체를 좌우로 나눈 한가운데 선을 의미하는데, 한쪽 팔다리가 정중선을 교차해 반대쪽 팔다리에 닿게 하는 놀이를 정중선 교차 놀이라 한다. 6개월 즈음부터는 아이 스스로 한 손을 반대 방향 몸 쪽으로 뻗기 시작하면서 정중선 교차가 시작되고 만 3~4세 때는 자유자재로 정중선 교차를 할 수 있다. 정중선 교차 놀이는 두뇌의 좌반구와 우반구가 서로 소통하도록 돕기 때문에 훗날 학습 및 독서 능력뿐 아니라 운동감각에도 큰 역할을 한다.

손보다 발이 먼저!
(대근육)

　10주 전후에 시작해서 16주 전후까지 해보며 아이의 변화를 살피기 좋은 놀이이자 실험이다. 보통은 아이 성장이 상체에서 시작해서 하체로 넘어간다고 알려져 있다. 가령 아이가 처음으로 목을 가누기 시작해서 상체를 돌려 뒤집고, 앉다가 기기 시작해 나중엔 걷기와 뛰기를 하므로 목에서 다리 쪽으로 발달이 이루어진다고 한다. 하지만 이 놀이를 해보면 생각이 바뀔 수 있다.

아이를 눕히고 장난감을 들어 아이 손에 살짝 닿게 한 다음 아이 어깨 근처에서 흔들다가 점차 허리 쪽으로 흔들며 내려온다. 아이가 손을 뻗어 장난감을 만지려고 하는지 관찰하자. 그리고 다시 장난감을 아이 발에 살짝 댄 다음 아이 무릎 근처에서 흔들다가 점차 허리 쪽으로 흔들며 올라간다. 아이가 발을 뻗어 장난감을 만지려고 하는지 관찰하자.

두 실험을 하면서 아이 손과 발이 언제 더 많이 움직이는지 살펴보자. 실험 결과에 따르면 만 11~12주경에는 손보다 발을 더 많이 뻗어 장난감에 접촉하고, 만 15~16주경에는 발보다 손을 더 많이 뻗어 장난감에 접촉한다고 한다. 즉, 아이는 손보다 발을 한 달 정도 먼저 뻗는다고 한다.

{ 편하게 살자 1 }

요즘 엄마들은 온 마을이 함께 해야 할 역할을 혼자 하고 있다. 혼자 아이를 돌보는 건 결코 쉽지 않다. 수다쟁이 엄마라도 어떤 날은 입이 떨어지지 않을 수 있고, 수다쟁이 엄마라서 더욱 대화가 통하는 어른을 만나 떠들고 싶은 날도 있다. 에너지가 넘치는 날엔 온몸으로 신나게 놀아주고, 에너지가 바닥난 날엔 좀 쉬자. 아이는 조금 심심해도 괜찮다. 지치고 힘든 날엔 무리하지 말자. 때로는 장난감에 기대도 좋다. 내 몸이 먼저다.

* **모빌**

0~3개월 아이에게는 모양이 뚜렷하게 구분되는 흑백 모빌이 좋다. 이 시기에는 모빌이 아이 눈 위에서 조금씩 움직여야 아이가 관심 있는 쪽을 계속 바라볼 수 있다. 은은한 음악이 나오는 모빌도 좋겠지만, 스피커 음질이 좋은 모빌은 거의 보지 못했다. 임신했을 때나 산후조리원 생활을 하면서 만들어둔 흑백 패턴 장난감이 있다면 모빌에 있는 장난감과 바꿔 걸어줘도 좋다.

모빌 놀이(95쪽)에서 소개한 것처럼 아이 발과 손에 긴 끈을 묶어 모빌과 연결하여 아이 반응을 살펴보자. 모빌에 붙은 장난감을 떼어내 촉감 놀이 도구로 사용해도 좋다. 아이가 좀 더 자라면 모빌 프레임만 떼어내 낚시 놀이의 낚싯대로 사용할 수 있다. 모빌과 아기체육관은 장난감을 떼거나 붙일 수 있는 제품을 사서 맞바꿔주면 더 오래 잘 쓸 수 있다. 장난감을 떼서 카시트 장난감으로 써도 좋고, 카시트 장난감을 모빌에 더 붙여줘도 좋다.

* **아기체육관**

네이버에서 '아기체육관'을 검색하면 상품이 무려 26,000개 정도 나온다. 이름은 모두 아기체육관이지만 다 같은 건 아니다. 아기체육관에는 장난감이 달린 프레임이 있다. 여러 장난감을 뺐다 꽂을 수 있게 프레임이 넓은 제품을 고르길 권한다. 아이가 고개를 옆으로 돌려도 장난감을 볼 수 있고, 장난감이 아니더라도 사진 등을 붙일 수 있기 때문이다. 나는 알록달록한 장난감이 눈에 잘 띄는 흰색 프레임을 선호한다.

* **딸랑이**

출산 용품 중 필수로 장만하는 장난감이다. 아이가 잡고 흔들면 소리가 나서 아이의 시각과 청각은 물론 눈-손 협응력을 발달시킬 수 있다. 처음에는 쥐기 반사 반응 때문에 물건이 손에 닿으면 무조건 잡지만, 점차 의도적으로 물건 잡는 법을 배운다. 잡고 흔들면 소리가 나기 때문에 모든 아이가 좋아하는 건 아니다. 아이가 딸랑이를 떨어뜨리지 않도록 손목 딸랑이나 일반 딸랑이에 리본을 달아 아이 팔에 묶어주면 엄마 손이 덜 간다. 모빌이나 아기체육관 프레임에도 묶을 수 있다.

* **치발기**

이가 나려고 할 때 뭔가를 깨무는 아이가 많은데 이럴 때 치발기를 쓰면 잇몸 마사지를 겸할 수 있어서 좋다. 손으로 잡으면 말랑거리므로 촉감 놀이용 장난감을 겸할 수 있다. 여러 개를 연결하여 길게 만들 수 있는 제품도 있다. 치발기에 고리와 작은 동물이 달려 있으면 유모차나 카시트 프레임에 달아 외출 장난감으로도 쓸 수 있다. 국민 치발기로 불리는 바나나 치발기나 기린 치발기는 촉감 때문인지 별다른 기능이 없어도 오랫동안 사랑받고 있다. 치발기 겸용 딸랑이인 맨해튼토이의 윈켈이나 전선을 여러 모양으로 꼬아 뭉친 것처럼 보이는 스퀴시 제품도 인기가 여전하다.

* 깨지지 않는 거울

아이가 자기 자신인 줄 몰라도 거울 속 자기 눈을 바라보면 사회성 발달에 긍정적인 영향을 준다. 아이용 거울을 사용하면 아이 바로 앞에서 보여주기 좋다. 전신 거울이라면 아이를 바운서에 앉혀놓고 아이 몸 전체를 바라보게 하자. 엄마 아빠가 아이 몸을 잡고 거울을 바라보면서 아이 몸에 대해 하나씩 알려주고 이야기할 수도 있다. 벽 거울을 떼어 거울 놀이를 할 수도 있는데 이럴 때는 거울이 넘어지지 않게 잘 고정하고, 혹시라도 아이가 넘어트릴 수 있으므로 잠시도 아이에게서 눈을 떼지 말자.

* 촉감 헝겊 책

촉감 헝겊 책을 고를 때는 재질, 소리, 향이 다양한 제품을 고른다. 방수가 되는 촉감 헝겊 책은 목욕할 때 쓸 수도 있다.

* 공

터미타임을 할 때는 아이 쪽으로 공을 굴려주며 놀아줄 수 있다. 공 안쪽에 소리 나는 장난감을 넣은 투명 공이나 아이가 손으로 잡기 좋은 재질로 만들어진 공도 있다. 작은 플라스틱 공은 목욕 장난감으로도 쓸 수 있다.

* 바운서/아기그네

전문가들은 권하지 않지만 써보면 너무 편한 육아 템이다. 혼자 아이를 돌보는 경우에는 잠시 잠깐도 아이를 혼자 둘 수 없다. 이럴 때 아주 잠깐 맡길 수 있는 장난감이기도 해서 엄마들 사이에서는 효자 템으로도 불린다. 다만 바운서를 쓸 때 흔들림 기능은 필요할 때만 잠시 사용하는 게 좋다.

아이를 바운서나 아기그네에 앉힐 때(특히 0~3개월)는 다음 두 가지를 주의 깊게 봐야 한다. ①아이가 C자나 C자 반대 모양으로 자주 앉는지, ②아이 고개가 지나치게 꺾여 턱이 가슴에 닿는지 확인해야 한다. ①과 ② 자세가 되지 않도록 그때그때 자세를 바로잡아줘야 한다. 아이가 C자나 C자 반대 모양으로 앉으면 기울기를 최대한 낮추고 아이 양쪽 옆에 둥글게 만 수건 등을 대주어 좌우대칭이 되게 한다.

며칠에 한 번씩 앉은 모양을 사진으로 찍어 아이가 늘 같은 자세를 취하고 있는 건 아닌지 확인해보자. 늘 같은 방향으로 앉아 있다면 반대 방향이 되도록 쿠션으로 자리를 고정해주거나 장난감으로 아이 관심을 끄는 것도 좋다.

편하긴 해도 이런 제품은 가능한 적게 쓰는 게 좋다. 같은 자세로 20분을 넘지 않게 자세를 바꿔주고, 하루 총 2시간 이하로 사용 시간을 줄여보자. 아이가 바운서에서 잠들었다면, 아쉽지만 아이를 안아 바닥으로 옮겨주자. 바운서 공간이 좁아 영아 돌연사 위험이 높아지기 때문이다. 잘 놀더라도, 잠이 들었든 안 들었든 수시로 아이를 확인해야 한다.

모빌과 아기체육관의 부속 장난감이나 딸랑이는 커다란 빨래집게를 사용하여 카시트용 또는 유모차용 장난감으로도 쓸 수 있다.

4~6개월
놀이

    이 시기 '백일의 기적'을 만났다는 엄마가 있는가 하면 '백일의 기절'을 맛봤다는 엄마도 있다. 이러니저러니 해도 아이가 더 없이 예뻐 보일 때다. "어머나, 웃는 애기 왜 이렇게 예뻐. 예쁜 아이 눈 속에 누구 있어?", "세상에, 이렇게 예쁜 아이 사람 맞아? 천사 아냐?" 하는 감탄 섞인 말이 절로 나오는 때다. 물론 감탄은 짧고 힘든 건 여전하다. 아이가 예쁘다고 해서 덜 힘든 건 아니다. 예쁜 건 예쁜 거고 힘든 건 힘든 거다. "어머, 애가 예뻐서 힘든 줄도 모르겠어요!"라며 웃으며 말하는 지인들에게 "망상이란 무엇인가?"라고 묻고 싶은 시기다.

    포동포동 살도 오르고 처음으로 뒤집기 기술을 보이기도 하면서 제법 사람 아가스러운 모습을 보여주니 점점 빠져든다. 대신 아이가 부쩍 사물을 인지하는 듯하고 울지 않고 깨어 있는 시간이 늘어가는 시기라, 아이가 무료한 건 아닌가 싶어 뭔가를 더 해줘야 하는 건 아닌지 부담이 생기는 시기다. 아

이 옹알이를 따라 하며 반응해주는 것도 아이에게는 좋은 놀이니, 놀이 방법에 너무 연연하지 말자. 뭐 하고 놀았는지 모르겠는데 하루하루가 쑥 지나가 버릴 테니 말이다. 3개월 이전부터 해줬던 터미타임 자세가 이 시기에는 놀이 시간의 주된 자세가 된다. 뒤집기와 되뒤집기를 연습하기 시작하면 잘 때도 자주 깨서 엄마도 아이도 자는 게 힘들어질 수 있다.

엄마의 몸도 어느 정도 회복되지만 임신 때 붙은 살까지 빠지는 건 아니다. 숨 돌린 틈이 생기지만 정서는 여전히 요동칠 수 있다. 그러니 스스로를 너무 다그치지 말자. 출산 전에 육아서를 읽으며 이런 것은 꼭 해야지 했던 것도 아이의 울음소리 앞에서 무용지물이 된다. 아이를 데리고 산책하거나 햇빛 잘 드는 거실에 앉아 있으면 기분 전환도 되고 아이의 생활 리듬을 만드는 데도 도움이 된다. 너무 잘하려고 하지는 말자. 이만큼도 잘했다. 지금 정도면 충분하다.

4~6개월 아이의 일반적인 발달

드디어 신생아 시기가 지났다. 신생아 시기에 나타나는 여러 반사 반응이 사라지고 의도적으로 자신의 감각과 신체를 움직이는 법을 배워나가는 시기다. 이 시기 아이는 매일매일 새로운 무언가를 발견하는 탐험가처럼 보인다. 안아주고 수유하고 재우는 엄마 아빠의 모든 일상이 곧 아이에게는 새로운 세상을 만나 익숙해지는 방법이다. 부모는 아이가 뒤집기를 시작하면 하루하루 달라지는 아이의 발달을 지켜볼 수 있어 매우 흥미롭고 즐겁다. 하지만 이 시기는 제때 되뒤집기, 앉기, 기기를 하지 않을까봐 조바심이 나기도 쉬운 때다. 일반적인 신체 발달 시기가 있긴 하지만 그보다 더 확실한 건 아이는 모두 자신만의 속도가 있다는 것이다. 조금 느긋하게 바라보길 권한다.

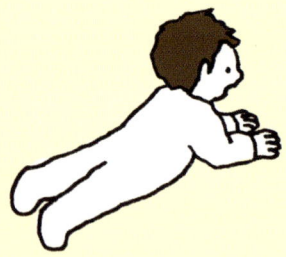

대근육 발달

손을 뻗거나 발로 차는 등 팔과 다리를 의도적으로 움직이기 시작한다. 뒤집기와 되뒤집기도 할 수 있다. 고개 움직임은 이전보다 훨씬 유연해져, 뒤집어놓으면 상체를 번쩍 들어 올려 여기저기 고개를 돌려서 원하는 것을 찾는다. 배만 바닥에 대고 양팔과 양다리를 들어 올려 바둥거릴 만큼 어깨 근육과 다리 근육이 발달한다. 6개월 정도 되면 아이를 앉혀놓아도 쓰러지지 않고 버틸 수 있다. 또한 한 손에 쥔 물건을 다른 손으로 옮길 수 있다.

수유와 잠

수유 간격과 밤 취침 시간을 어느 정도 예측할 수 있다. 분유 수유하는 아이는 수유 간격이 대략 4시간에 맞춰지지만, 모유 수유하는 아이는 분유 수유하는 아이보다 수유 간격이 짧고 아이마다 편차도 크다. 낮잠 시간은 여전히 규칙적이지 않을 수 있다. 수면의식을 반복해서 꾸준히 해주면 아이도 인식하고 다음 시간을 준비한다. 또한 밤 수유 간격이 낮 수유 간격보다 길어지면서 꽤 길게 깨지 않고 자기 시작한다. 빠른 아이는 10시간 이상 깨지 않은 채로 통잠을 잔다.

청각과 시각

시각이 발달하여 흑백뿐 아니라 색감 차이를 인지하기 시작하며 다양한 패턴과 모양에 관심을 보인다. 바닥에 공을 굴리면 공을 보기 위해 고개를 돌려 반응한다.

사회성

엄마 아빠와 함께 노는 것을 좋아한다. 거울 속에 비친 자기 모습에 관심을 보인다. 다른 사람의 표정과 기분에 적절히 반응하기도 한다. 기분 좋을 땐 소리를 내며 웃기도 하고, 울거나 소리 내어 자기 기분을 알리려고 한다. 자기 이름에 반응하기도 한다.

6개월이 되었는데 다음 행동을 보이면 소아청소년과 의사와 상담하자.

- 목이 뻣뻣해 보이고 목을 가누는 걸 힘들어한다.
- 소리에 반응이 적고, 갑자기 큰 소리가 나도 놀라지 않는다.
- 소리가 난 쪽으로 고개를 돌리지 않고, 돌리더라도 소리 나는 위치를 찾지 못한다.
- 물건을 입에 집어넣기 어려워한다.
- 물건을 향해 손을 뻗지 않거나 뻗어도 한 손만 뻗는다.
- 뒤집기를 하지 않는다.
- 옹알이를 하지 않는다.
- 사람이 있어도 반응이 없고 웃지 않는다.
- 공이 굴러가는데 그 공을 따라 시선이 움직이지 않는다.

놀이에 필요한 도구: 과일, 요가 볼/비치 볼, 슬링키, 시각 물병, 은박 포장지, 전지, 얼음, 지퍼백/주스 병, 택배 상자, 크리스마스 전구, 일회용 장갑

이 시기에 있으면 좋은 장난감: 딸랑이, 치발기, 목욕 놀이 장난감, 촉감 헝겊 책, 아기체육관, 공

사과-오렌지 후각 놀이
(감각, 인지)

재료: 사과나 오렌지처럼 달콤한 향이 나는 과일

오른손에 빨간 사과를 든다. 아이 눈에서 20~30센티미터 떨어진 위치에서 사과를 보여준다. 천천히 "사~과, 사~과, 사~과"를 말하고 아이가 만져볼 수 있도록 사과를 아이 손 쪽으로 가져간다. 아이가 사과를 만지면 코 가까이 사과를 가져가 냄새를 맡게 한다. 이런 과정을 2분 동안 세 번 이상 반복한다. 하루에 몇 번씩 반복하면 더 효과적이다. 사흘 정도 반복하다 나흘째에는 오렌지를 왼손에 들고 위 과정과 비슷하게 반복한다.

이레가 되면 아이 눈에서 20센티미터 떨어진 위치에서 오른손에는 사과, 왼손에는 오렌지를 들고 보여준다. "사과는 어디 있지?" 묻고 아이 눈과 손을 관찰한다. 아이가 사과 쪽을 바라보면 사과와 오렌지를 바꿔 든다. 다시 한 번 "사과는 어디 있지?" 물었는데 아이가 사과를 바라보면 사과가 뭔지 안다는 얘기!

공 타기
(대근육, 균형 감각)

재료: 요가 볼 또는 비치 볼

드디어 사놓고 쓰지 않던 요가 볼을 쓸 날이 왔다! 아이도 요가 볼을 이용하여 운동할 수 있다. 공 타기 놀이는 혈액순환을 도와줄 뿐 아니라 웅크린 근육을 펴서 유연성을 높여준다. 아이가 고개를 잘 못 가눌 때는 요가 볼처럼 커다란 공 위에서 공 타기를 할 수 있다. 아이가 고개를 잘 가누기 시작하면 농구공이나 비치 볼처럼 더 작은 공 위에서도 공 타기를 할 수 있다. 공에 태워 아이를 앞뒤로 굴려주고 양옆으로도 굴려준다.

— : TIP : —

기저귀만 채운 채로 공 타기를 하면 아이가 공 위에서 미끄러지는 것을 막을 수 있다.

'사라졌다' 놀이 ~감탄할 준비
(인지)

재료: 색이 선명한 장난감, 상자/바구니, 이불/수건/천

아이에게는 모든 것이 새롭다. 놀이를 통해 새로운 환경에 적응할 수 있게 도와주자. 이런 놀이는 앞으로 벌어질 일을 기대하게 하여 아이가 생각할 수 있게 한다. 또한 대상영속성(어떤 대상이 잠시 사라지거나 가려져서 보이지 않더라도 여전히 존재한다는 걸 아는 능력) 획득에도 도움을 준다.

아이 눈에는 보이지 않도록 상자나 바구니 안에 색상과 형태가 다양한 장난감을 집어넣어둔다. 아이를 범보 의자나 카시트에 상체를 세운 자세로 앉힌다. 상자에서 장난감 하나를 꺼내 아이에게 보여준다. 엄마 아빠 얼굴 가까이에서 장난감을 든 채로 아이에게 말을 걸어 아이 관심을 끌어낸다. 아이가 보는 동안 장난감을 이불로 덮고 "사라졌다!" 하고 외친다. 아이 반응을 살핀 후 이불 속에서 장난감을 꺼내서 "여기 있네!" 하고 알려준다. 다른 장난감으로 몇 번 반복한다.

= : TIP : =

장난감이 보이지 않으면 아이가 울거나 짜증낼 수 있다. 그럴 때는 장난감을 아주 천천히 숨겨서 어떤 일이 벌어지고 있는지 아이가 알아보고 잘 따라 올 수 있게 해주자. 장난감을 너무 오랫동안 이불 속에 숨겨두지는 말자.

신비한 슬링키
(집중력, 대근육)

재료: 슬링키

큰 아이가 가지고 노는 슬링키도 이 시기 아이와 놀 때 꽤 쓸모 있다. 아이를 약간 세워 앉힌 다음 아이 팔목이나 의자에 슬링키 한쪽을 끼우고 다른 한쪽은 엄마 아빠 혹은 큰 형제자매가 들고 있다가 살짝 튕겨주자. 4개월만 되어도 슬링키 튕기는 모습에 오랫동안 관심을 보인다. 좀 더 자라면 스스로 슬링키를 건드려 튕기며 움직임을 지켜본다. 감각 놀이로 좋다.

시각 놀이 물병
(시각, 집중력, 대근육)

재료: 투명 물병, 주스 병, 물, 오일(베이비오일, 식용 오일), 워터비즈, 폼폼, 식용색소

집에 하두 개씩 있는 투명 물병이나 주스 병도 아이 감각 놀이에 활용하기 좋다. 물병에 워터비즈(개구리 알)를 넣고 물만 넣어주면 만들 수 있는 초간

단 장난감이다. 터미타임을 할 때 아이 눈앞에 갖다두면 한참 굴리며 논다. 시각 놀이 물병은 아이가 어릴 때도 좋아하지만, 어느 정도 자란 후에도 쓸모 있다. 아이가 화가 나거나 떼를 쓸 때 갖고 놀게 하면 감정을 가라앉히는 데 도움을 준다. 워터비즈가 살살 떴다가 가라앉는 모습을 보는 것만으로도 마음이 차분하게 가라앉는다.

― : 주의 : ―

워터비즈는 크기가 매우 작지만 물에 넣어두면 불어서 커진다. 자칫 아이가 입에 넣었다가 불어나면 목에 걸릴 수 있으므로 주의한다. 물병은 언제나 꽉 잠그고, 사용한 워터비즈는 아이가 꺼낼 수 없는 높은 곳에 보관하자.

물병에 오일을 반쯤 채우고 폼폼이나 비즈 등을 넣어보자. 물을 마저 채워 넣으면 동글동글 오일 모양이 떠오르면서 신기한 물방울을 만들어낸다.

은박 포장지 감각 놀이
(촉감, 시각, 대근육)

재료: 은박 포장지/한지

은박 포장지에서 나는 바스락거리는 소리도 아이의 감각을 발달시키는 데 도움이 된다. 은박 포장지 한 장을 바닥에 깔고 아이를 그 위에 눕히기만 하면 놀이 준비가 끝난다. 바스락거리는 소리에 아이가 어떤 반응을 보이는지 지켜보자. 은박 포장지를 좋아하면 한지에도 눕혀보자.

전지에 아이 몸 따라 그리기
(촉감)

재료: 선지

어쩌면 아이 발달과는 크게 상관없는 엄마 놀이지만 훗날 아이가 엄마의 사랑을 느낄 수 있는 놀이다. 아이를 눕혀놓고 아이 몸의 윤곽선을 따라 그린다. 0~3개월 아이나 뛰어다니는 아이를 눕혀놓고도 할 수 있는 놀이다. 비 오는 날처럼 밖으로 나가기 힘든 날 하기 좋은 놀이고 아이가 더 자라도 또 하겠다고 하는 놀이다.

: TIP :

전지는 아이가 얼마나 성장했는지 기록해두기 좋다. 잘 보관하면 벽에 붙여놓는 키 재기 자보다 훨씬 훌륭한 기록물이 된다. 아이는 누구보다 자신을 사랑한다. 그래서인지 자기와 관련된 이야기를 듣는 것도 좋아하고 사진이나 기록물도 좋아한다. 추억 상자를 마련해 아이의 몸 선을 그린 전지를 보관했다면 매번 다시 꺼내 덧그려보자. 아이가 굉장히 좋아한다. 어릴 때야 아이는 아무것도 모른 채 모델이 되어주지만, 나이가 들면 들수록 매우 적극적인 모델이 되어줄 것이다. 이 놀이를 블로그에 소개했더니 이웃 중 한 분이 롤 페이퍼를 쓰면 아이가 전지보다 커져도 계속 덧그릴 수 있다고 알려주셨다.

아기체육관 변형하기
(대근육, 감각, 집중력)

재료: 아기체육관, 목욕 타월, 색 한지 등

아기체육관(베이비 짐)은 종류가 꽤 다양한데, 나는 장난감을 교체할 수 있는 제품을 사라고 권한다. 그래야 활용도도 높아지고 아기 놀이도 다채로워지기 때문이다. 원래 붙어 있는 장난감을 떼고 흔하게 구할 수 있는 색 한지나 알록달록한 목욕 타월을 붙여줘도 좋다.

흔히 아기체육관 아래에 아이를 똑바로 눕히고 아이 머리 위에 장난감을 매달아두는 경우가 많다. 아기체육관 양옆에 아이 시선을 끌 만한 장난감이나 플래시 카드를 붙여보자. 고개를 돌려 봐야 해서 자세를 바꿔주기 좋다. 머리 모양이 예뻐지는 건 덤이다.

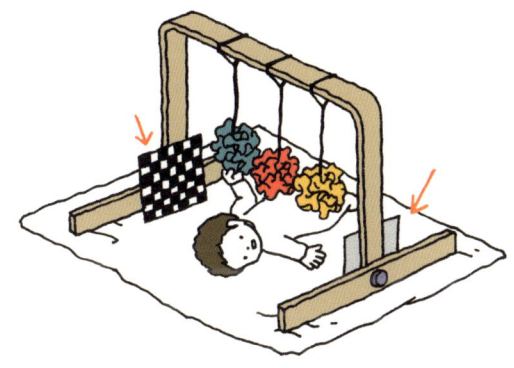

비눗방울 놀이
(시선 추적)

눈으로만 비눗방울 움직임을 지켜보고 손이나 팔을 조금씩 들썩일 뿐이지만 아이가 비눗방울을 신비하게 바라보는 모습은 사진으로 남겨두기에 좋은 장면이다. 이 놀이를 할 때 어른이 둘이라면 한 사람은 놓치지 말고 이 순간을 사진이나 동영상으로 찍어두길 바란다.

=: TIP :=

비눗방울 놀이는 가능하면 실외에서 하는 게 좋다. 실내에서 하면 바닥이 미끄러워져 곤란하다. 물청소를 할 수 있는 베란다 정도라면 괜찮다. 방 안에서 해보고 싶다면 놀이 매트를 깔고 하자. 놀이 매트가 따로 없다면 김장 매트나 텐트 원단을 사용해도 좋다.

얼음도 촉감 놀이로!
(감각, 대근육)

재료: 지퍼백/플라스틱 주스 병, 얼음

날이 따뜻하고 아이에게 감기 기운이 없다면 얼음을 촉감 놀이 도구로 써도 좋다. 그렇다 해도 얼음을 그대로 아이에게 건네줄 순 없다. 너무 차가워 피부에 자극을 줄 수 있고, 아이가 조물거릴 때마다 물이 뚝뚝 떨어져 이불이며 옷이 축축해지기 때문이다. 이럴 땐 지퍼백과 플라스틱 주스 병을 활용하자. 지퍼백에 얼음을 담아주면 그동안 만져보지 못한 차가운 물건에 심취하는 아이를 만날 수 있다. 만지면 만질수록 지퍼백 바깥에 맺히는 습기가 손바닥에 닿는 느낌도 좋아한다. 또 플라스틱 주스 병에 얼음을 넣어주면 이리저리 굴리며 나는 소리나 바뀌는 모양을 좋아한다.

별 헤는 상자
(시각, 집중력)

재료: 택배 상자, 크리스마스 전구

큼직한 택배 상자에 구멍을 뚫어 크리스마스 전구를 하나씩 끼워주면 아이는 낮에도 별 헤는 밤을 경험할 수 있다. 아이 뒤통수가 납작해지는 게 신경 쓰인다면 전구를 양옆에 더 많이 끼워주자. 일부러 고개를 돌려주지 않아도 전구 불빛에 아이 고개가 저절로 돌아간다.

═════════ : 주의 : ═════════

크리스마스 전구를 미리 몇 시간 동안 켜본다. 전구나 전선이 뜨거워지지 않는지 미리 확인하여 괜찮다는 확신이 들면 놀이를 한다. 아이가 전구나 전깃줄을 잡아챌 수 있으므로 옆에 꼭 붙어서 지켜봐야 한다.

거미 센서
(인지)

재밌는 실험이 하나 있다. (과학자들은 별별 실험을 다 한다.) 5개월 아이도 거미 모양을 알아본다는 실험이다. 종이에 다음 그림과 같이 거미 모양을 그려보자. 거미 모양을 뒤섞은 나머지 그림도 그려보자. 아이에게 각 그림을 보여주고 어느 그림을 가장 오래 바라보는지 살펴보자.

실험 연구에 따르면 가장 왼쪽에 있는 거미 모양을 아이들이 가장 오랫동안 바라본다고 한다. 말을 하지 못하는 어린 아기를 대상으로 인지 실험을 할 때 자주 사용하는 방법이 '습관화'인데, 처음 특정 자극이 주어질 때는 가장 흥미롭거나 익숙해져야 하는 것을 오랫동안 바라보다가 점점 익숙해지면 그 자극은 덜 바라본다는 것이다. 즉, 아주 어린 아기라도 여러 자극 중에서 흥미롭거나 인지해야 할 것을 가장 오래 바라보게 되는데, 왼쪽 거미 모양이 다른 두 모양보다 우선적으로 인지해야 할 모양이라는 것을 태어나면서부터 알고 있는 거라고 전문가들은 판단하고 있다. 아기가 어릴 때부터 높은 곳이나 성인 남자에 대한 두려움을 느끼는 것과 마찬가지라고 해석한다.

촉감 장갑 놀이
(소근육, 촉감)

재료: 장갑, 물, 식용색소

일회용 니트릴 장갑이나 라텍스 장갑 여러 개에 물과 식용색소를 채워 넣고 묶어서 얼렸다가 아이 앞에 둔다. 말랑거리는 느낌이라 아이들이 좋아한다. 니트릴 장갑은 합성 소재로 만들어져 잘 찢어지지 않는다. 그래도 찢어지거나 터질 수 있으므로 놀이 매트 안에서 갖고 놀게 한다.

라디오 스타
(청각, 인지)

재료: 스마트폰

아이에게 자기 목소리를 처음 들려주면 어떤 표정을 지을까? 목소리 주인공이 자신인지 모르겠지만 아이 표정을 지켜보는 건 꽤 흥미롭다. 아이가 유창(?)하게 옹알이를 하면 놓치지 말고 스마트폰으로 녹음해두자. 책을 읽어주거나 간지럽혀 아이가 다양한 소리를 내도록 유도하고 그 소리도 녹음해두자. 그리고 녹음한 소리를 아이에게 들려줘보자. 아이가 깜짝 놀란 표정을 지으면 "그래! 네 목소리야!"라고 말하고 다시 한 번 녹음한 목소리를 들려주자. 듣기와 말하기를 발달시키는 데 도움을 준다. 다른 아이 울음소리가 들리면 울던 아이도 울음을 멈춘다고 한다. 아이가 울 때 녹음해둔 아이 울음소리도 들려줘보자.

이불썰매 놀이
(균형 감각)

아이의 얇은 이불이나 속싸개로 까꿍 놀이를 먼저 해준다. 이후에 아이 밑에 이불이나 속싸개를 깔고 "흰 눈 사이로 썰매를 타고…" 동요를 부르며 이불썰매를 태워주자. 아이가 아직 앉지 못할 때는 바로 끌지 말고 살짝 움직여보자. 아이가 좋아하면 썰매처럼 질질 끌고 다녀도 된다.

═══════════ :TIP: ═══════════

의도하지 않게 이불로 집 안을 닦고 다닐 수 있다. 그러니 걸레질용으로 써도 좋은 이불이나 속싸개를 선택하자. 아니면 대충이라도 먼지를 정리하고 놀이를 시작하자. 이불을 빨기 직전에 한 번씩 해주면 좋은 놀이다.

{ 편하게 살자 2 }

* **애착인형/애착이불/애착수건**

애착인형이나 애착이불을 준비해두면 아이가 잠잘 때뿐 아니라 낯선 곳으로 이동할 때 불안을 잠재우는 데 쓸 수 있다. 애착수건은 애착인형과 애착이불을 섞은 제품이다. 인형이 달린 수건으로 이불보다 작아 갖고 다니기 편하다.

아이는 옷이나 천 제품을 보면 태그에 유독 관심을 보이며 물고 빨길 좋아한다. 여기에 착안해 만든 제품도 외국에는 꽤 있다. 어른 손바닥보다 큰 천에 태그를 여러 개 붙인 제품이다. 유모차나 카시트에 걸거나 아이가 손으로 잡기 쉽게 고리가 달려 있다. 이런 태그 제품은 촉감 헝겊 책 대용으로도 훌륭하다.

아이가 애착인형/애착이불/애착수건을 좋아하길 바란다면 수유할 때 이런 물건을 엄마와 아이 사이에 끼운다. 그러면 더 빨리 익숙해지고 좋아한다.

* **촉감 애벌레 인형**

커다란 딸랑이 역할을 하는 촉감 인형이다. 길쭉해서 아이가 손에서 놓치더라도 금방 다시 잡고 논다. 엄마가 매번 찾아주지 않아도 돼 편하다. 애벌레 마디마다 촉감이 다른 천을 댄 인형이 촉감 놀이용으로 좋다. 유모차 등에 매달 수 있도록 뱀 모양으로 나온 제품도 쓸 만하다.

* **음악 연주 장난감**

버튼을 누르면 음악이 연주되는 아이용 장난감이다. 휴대용으로 작게 나온 게 많아 편하게 들고 다닐 수 있다. 집 안에서만 쓸 거라면 미니 건반 피아노도 좋다. 촉감 헝겊 책 중에 음악이 나오는 책이 있는데 이것도 두루 쓸 만하다.

* **보드북**

책은 아이가 누워 있기만 할 때부터 읽어주는 게 좋다. 보드북은 두껍기 때문에 아이가 물고 빨아도 오랫동안 사용할 수 있다. 어린아이용 보드북은 일러스트가 단순하고 색감이 화려해서 아이의 눈길을 더 오래 끌며, 인지 발달에도 도움을 준다. 아이 때 배워야 할 의성어, 의태어, 감정, 숫자 등을 알려주기도 한다.

* **아기 의자**

아기 의자는 범보, 싯미업처럼 브랜드 이름으로 불리는 경우가 많다. 아기 의자는 제품 홍보 글과 달리 아이가 앉는 데 특별히 더 도움을 주지 않는다. 다만 엄마 아빠에게 시간을 벌어주므로 엄마 아빠 몸을 편하게 하는 데는 도움이 된다. 엉덩이뿐 아니라 다리와 발 전체가 바닥에 닿아 스스로 다리와 발을 떼고 붙일 수 있도록 바닥이 평평하고 아이의 팔을 올려 기댈 수 있는 제품을 선택하자.

아이가 고개를 가누지 못하거나, 아기 의자에 앉혔을 때 앞으로 고꾸라지거나 뒤로 젖혀지는 등 허리를 잘 펼 수 없다면 아기 의자를 사용해선 안 된다. 아기 의자를 쓸 수 있을 때라도 하루 30분 이하로 쓰는 게 좋다.

7~12개월
놀이

아이가 "엄마"를 부르기 시작한다. 처음엔 내가 들은 게 "엄마"라는 소리가 맞나 싶다가, 언제부터인지 엄마 귀에는 확실히 "엄마"로 들리게 부른다. 아이 아빠와 서로 '엄마'를 먼저 불렀느니 '아빠'를 먼저 불렀느니, 애정 어린 말다툼을 하는 시기다. 좀 더 지나면 누가 들어도 "엄마"라고 부르는 걸 알 만큼 또렷하게 의도적으로 엄마를 부르기 시작한다.

손가락으로 원하는 걸 가리키기도 한다. 원하는 걸 가리키고 싶었던 게 아니라, 그저 손가락으로 뭔가를 가리키는 것 자체를 즐기는 듯 보이기도 한다. 몸도 제법 발달한다. 앉혀놓으면 자꾸 고꾸라지고 뒤로 넘어져 가슴이 철렁 내려앉았는데, 어느새 혼자서도 제법 잘 앉아 있고 기어다니며 이것저것 상관하고 다녀 집 안을 안전하게 만드는 데 일조한다. 집 안에 위험한 게 이렇게 많았나 실감하게 되는 시기라 바닥에는 온통 매트가 깔리고, 문에는 문 닫힘 방지 패드가 끼워지고, 가구엔 모서리 보호대와 서랍 잠금 장치가 붙는다. 기어다니면서 손에 잡히는 모든 걸 입으로 탐험하려는 시기이므로 아

이가 삼킬 위험이 있는 물건은 바로바로 치워야 한다.

게다가 낯가림과 분리불안이 시작되는 시기라 엄마를 졸졸 따라다니며 제대로 껌딱지가 되려고 한다. 자기가 기어서 멀리 가놓고서는 엄마가 멀리 있다며 칭얼대기도 하고, 낯선 사람을 보면 빤히 쳐다보거나 울음을 터트리기도 한다. 이때는 아이가 엄마 반응을 보며 자신이 안전한지 아닌지 느낌으로 아는 때다. 엄마의 불안, 걱정, 짜증을 전혀 내비치지 않을 순 없지만 조금 덜 비치도록 애써보자.

아직 백화점 문화센터나 도서관에서 여는 영유아 프로그램에 참여하지 않았다면 이때부터는 참여하길 권한다. 아이 낮잠 시간 등과 겹친다고 이런 프로그램에 참여하는 것을 망설이지 않았으면 한다. 엄마 혼자만의 육아 환상에서 벗어날 수 있고, 다른 사람과 이야기하면서 공감받고 위로받을 수 있을 것이다. 더불어 아이에게도 그 커뮤니티는 작은 마을이 되어줄 것이다.

7~12개월 아이의 일반적인 발달

이 시기 아이는 끊임없이 움직인다. 누워 있다가 앉고, 앉아 있다가 기어다니고, 기어다니다가 벽이나 의자에 기대어 일어서고, 기대어 서 있다가 한 발짝 뗀다. 아이의 대근육 발달이 이 6개월에 축약된 양, 누워 있던 아기가 어느새 일어나더니 걷기까지 한다. 호기심도 늘어 놀이 하나에 꽂히면 그것만 반복하기도 한다. 예를 들어, 까꿍 놀이를 끝없이 하자고 한다. 자신의 몸에 대한 인지가 발달할 뿐만 아니라 전화 놀이, 티타임 놀이 같은 역할 놀이와 가상 놀이에도 참여한다. 아이가 거침없이 움직이는 시기라 하루에도 몇 번씩 "안 돼!"를 외치게 된다. 아이도 엄마 아빠의 말을 알아듣는 낌새가 이전보다 훨씬 강하고, 그래서인지 떼쓰기 징조가 서서히 나타나기도 한다. 제대로 된 애착을 형성해가느라 낯가림이 나타나고 분리불안도 겪으면서 엄마 아빠의 반응을 중요하게 생각하는 때다.

대근육 발달

팔이나 벽에 기대지 않고도 혼자 앉을 수 있다. 배밀이와 함께 기기 시작한다. 누워 있다가 앉을 수 있고, 앉아 있다가 기어 다닐 수도 있다. 벽이나 의자를 짚고 일어서고 벽이나 가구에 기대어 옆으로 걷다가 돌 즈음이면 한두 발짝씩 걸음마를 떼기 시작한다.

인지 발달

같은 물건이라도 여러 방식으로 움직여본다. 숨겨진 물건을 찾으려 하고 찾을 수도 있다. '눈'이나 '코'를 말하면 자기 눈이나 코를 손으로 가리킬 수 있다. 전화 받기나 손 인사 같은 일상 몸짓을 따라 한다. 블록 두 개를 이어 마주칠 수 있고 쌓기도 한다. 장난감 버튼을 눌러 반응을 유도할 수 있다.

사회성

간단한 요구를 알아듣는다. 헤어지는 인사로 '빠이빠이'도 하고 전화 받기 등 일상 몸짓을 따라 한다. 정확하지 않아도 '엄마', '아빠', '맘마' 같이 자주 쓰는 단어를 말로 하기 시작하고 '어?' 같은 간단한 의사 표현도 한다. 베이비사인을 일찌감치 시작한 아이라면 이 시기에 의사 표현을 더 많이 한다. 낯가림과 분리불안을 겪기도 한다. 세 손가락 집기가 가능해져 음식물을 집어 스스로 먹을 수 있다.

수유와 잠

수유 간격은 네 시간 정도로 정착되며 낮잠 시간도 예측할 수 있다. 취침 시간과 기상 시간도 정해져 아이의 일과를 충분히 만들어 갈 수 있다. 이유식도 초기·중기·말기 이유식을 거쳐 돌 이후가 되면 엄마 아빠가 먹는 것과 비슷한 (간은 안 된) 음식을 거의 먹을 수 있다.

12개월이 되었는데 다음 행동을 보이면 소아청소년과 의사와 상담하자.

- 기지 않는다.
- 도움 없이 혼자 설 수 없다.
- 빠이빠이나 도리도리 같은 일상 몸짓을 따라 하지 않는다.
- '엄마'나 '아빠' 같은 단어를 아직 쓰지 않는다.
- 물건을 숨겨도 그 물건을 찾으려 하지 않는다.
- 물건이나 그림을 손으로 가리켜 표현하지 않는다.

놀이에 필요한 도구: 나무 블록, 쌓기 컵, 리모컨, 공, 종이 상자 등 빈 용기, 키친타월 심 + 탁구 공

이 시기에 있으면 좋은 장난감: 액티비티 큐브, 유아용 타악기 세트, 치발기, 쌓기 링 세트, 쌓기 컵 세트, 모양 퍼즐, 도형 맞추기/끼우기, 롤러코스터

아이랑 마주 앉아 블록 놀이
(소근육, 문제해결력)

재료: 나무 블록

블록은 8개월 이상 아이에게는 필수 장난감이다. 6개월 이전까지는 아이가 손 전체를 이용해서 물건을 잡았다면 6개월 이후부터는 손가락 하나하나를 움직이려고 한다. 돌 전 아이에게는 2~3센티미터 나무 블록이나 폼 블록이 적당하다. 미세 근육인 세 손가락(엄지-검지-중지) 집기를 발달시키는 데도 좋다. 아이가 블록을 어떻게 잡는지 아이의 손을 다음 그림과 비교해보자. 그림과 달라도 상관없다. 돌이 지난 아이도 6개월 방식이 편하고 익숙하면 그 방식을 고수할 수 있을 테니 말이다.

4개월

6개월

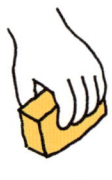
8개월 1년

아이 주변에 블록을 여러 개 흩어놓자. 아이가 블록 한 개를 양손으로 잡고 있을 때 새 블록을 하나 건네보자. 건넨 블록을 받으려면 손에 든 블록을 내려놓아야 하는데 이때 문제해결력이 발휘된다. 조금 작은 블록이라면 양손에 블록을 하나씩 집어들고 있을 때 새 블록을 건네보자. 역시 두 블록 중 한 개를 내려놔야 새 블록을 받을 수 있다.

=== TIP ===

아이가 처음부터 블록을 쌓긴 어렵다. 대신 쌓아 올린 블록을 무너트리는 건 무척 잘하고 좋아한다. 엄마 아빠가 블록을 쌓아보자. 다음은 아이가 알아서 한다. 아이는 계속해서 다시 쌓아달라고 의사 표현을 할 것이고, 엄마 아빠는 끝없이 블록을 쌓아야 할지도 모른다.

굴린 공 따라 잡아오기 놀이
(시선 추적)

기어다니기 시작할 때 해주면 좋은 놀이나. 공을 굴려주는 것만으로도 굉장히 좋아한다. 굴러가는 공을 따라다니며 잡느라 바쁘게 돌아다닌다.

컵 쌓기
(소근육, 집중력)

재료: 쌓기 컵 세트

6개월 이후 아이에게 블록과 함께 필수 장난감으로 꼽히는 게 쌓기 컵이다. 집에 있는 종이컵이나 플라스틱 컵을 활용해도 되지만, 크기와 색이 다른 쌓기 컵 세트를 사두면 쓸모가 많다. 처음에는 컵을 쌓아 올리지 못하므로 바닥에 쿵쿵 치며 가지고 논다. 그러다 나이가 들면 쌓았다 부셨다 하며 논다. 블록과 마찬가지로 쌓지는 못해도 무너트리는 건 잘하고 좋아한다.

컵만 가지고 놀게 해도 좋지만 아이가 보고 있을 때 컵을 엎고 엎은 컵 속에 블록을 숨겨보자. 아이 월령에 따라 반응이 다른데, 컵을 들추어 예상치 못한 블록을 만나거나 블록을 기대하고 컵을 들춘다. 아직 돌이 안 된 아이라면 컵을 쌓더라도 엄마 아빠가 도와줘야 한다. 18개월 즈음에는 스스로 컵을 쌓더라도 크기 순서와 무관하게 쌓는다. 24개월이 넘어가면서부터는 크기를 맞춰가며 컵을 제대로 쌓는다.

TIP

쌓기 컵 세트에 숫자가 적혀 있지 않다면 숫자 스티커를 사다 붙여놓자. 목욕 놀이용 컵으로 쓸 수 있도록 방수 스티커를 붙이면 좋다. 나도 컵에 숫자를 붙였는데 사실 컵 크기가 비슷비슷해 보여 컵을 포개기가 힘들어서였다. 숫자 크기 순서대로 포개면 쏙 들어가서 치우기가 수월했다. 나중에 보니, 아이가 숫자를 붙인 컵을 갖고 놀면서 숫자와 크기를 더 쉽게 이해하는 것 같기도 했다.

잡아당기기 놀이
(집중력, 소근육, 눈-손 협응력, 인과관계)

재료: 용기 뚜껑이나 종이 상자, 리본

조금 튼튼한 종이 상자나 용기 뚜껑이 있다면 구멍을 뚫어 도톰한 실과 리본을 끼워준다. 아이에게 주면 여기저기 잡아당기며 관심을 보인다. 아이가 좀 더 자라 상자를 물어뜯지 않을 때가 되면 작은 상자 면에 구멍을 내고 실과 리본을 묶어줘 잡아당기는 장난감으로 발전시킬 수 있다.

TIP

상자 구멍에 리본을 끼울 때는 구멍이 잘 보이게 하자. 그래야 한쪽 리본을 잡아당겼을 때 반대쪽 리본 길이가 짧아지는 걸 확인할 수 있다.

도리도리 곤지곤지 지암지암 작작궁작작궁
(대근육, 소근육, 눈-손 협응력)

전통 육아법인 '단동십훈'에 나온 열 가지 놀이 중 네 가지다. 각 놀이에 담긴 의미도 좋지만 아이의 성장 발달에도 도움이 된다. 맘 카페에 올라오는 글 중에 "곤지곤지 잼잼을 어떻게 가르치나요?"라는 질문이 올라오는 걸 보면 전통 놀이가 사라지는 듯해 조금 아쉽다.

'도리도리道理道理'에는 하늘의 도리로 네가 태어났으니 고개를 돌려 두루 두루 세상을 살피라는 뜻이 담겨 있다. 엄마 아빠가 아이 앞에서 고개를 이쪽 저쪽 돌리면 아이도 따라 한다. 목 뒤 뼈와 어깨 근육을 풀어주는 효과가 있다. 사실 이건 가르쳐주지 않아도 알아서 잘하는 동작이긴 하다. 물론 도리도리의 뜻이 아니라 싫다는 뜻이긴 해도 말이다.

'곤지곤지坤地坤地'는 하늘의 이치만큼 땅의 이치도 깨달으라는 의미다. 왼손을 펴고 오른손 검지로 손바닥을 콕콕 찍는다. 손을 바꿔서 반복한다. 손바닥 한가운데 혈자리인 노궁과 검지 끝을 자극해 머리와 눈을 밝게 해준다고 한다.

'지암지암持闇持闇'은 줄여서 '잼잼'이라고 한다. 손에 쥔 것을 놓을 줄도 알아야 한다는 의미다. 양손 쥐었다 폈다를 반복한다. 손바닥의 혈액순환을 돕고 소화력도 높여준다고 한다. 손아귀 힘을 기르는 데도 도움을 준다.

'작작궁작작궁作作弓作作弓'은 발음하기 좋게 '짝짝꿍 짝짝꿍'이라고 한다. 손바닥을 부딪쳐 하늘과 땅의 조화를 알라는 의미다. 양 손바닥을 마주쳐 박수를 친다. 손바닥의 경혈과 반사구를 자극해 혈액순환에 도움을 준다.

곰돌이와 함께 우아한 식사 시간
(사회성)

6개월쯤 되면 이유식을 먹이기 시작하고 12개월쯤 되면 유아식으로 넘어갈 준비를 한다. 육아 책에서는 무르기를 기준으로 죽에서 진밥을 거쳐 밥으로 넘어가라고 한다. 식단도 한 그릇 요리에서 밥+국+반찬의 3형태가 주류인 식판식으로 넘어가며, 양도 부쩍 늘려야 하는 시기라고 하는데 모든 일이 그렇듯 책대로 되지 않는다. 처음부터 식탁에 얌전히 앉아 이유식을 맛있게 잘 먹는 아이는 없다. 차츰 나아질 뿐이다. 신생아 시기 수유 양, 백일 전후 수면 양, 6개월 이후 이유식 양으로 너무 스트레스 받지 말자. 엄마 성적표도 아이 성적표도 아니다. 잠도 밥도 시간이 지나면 자연스럽게 (좋아지는지는 모르겠지만) 나아진다. 멀리 보면 양보다는 습관에 좀 더 신경 쓰는 게 낫다.

이유식을 먹일 때 지정한 장소에서 일정한 시각에 정해진 시간 동안 먹이자. 밥 먹는 데 집중하도록 영상물은 피해야 하지만 음악을 틀어주는 건 좋다. 수면의식과 마찬가지로 식사 분위기를 일정하게 맞춰주면 좋다. 그래야 그 시간이 되면 원래 밥을 먹는 거라고 받아들인다. 이 시간에 엄마 아빠도 함께 밥을 먹으면 더 좋다. 형제자매나 친구와 함께 식사나 간식을 먹으면 훨씬 더 분위기가 좋아질 수 있다.

아이가 좋아하는 인형을 가져와 인형 손에 숟가락을 들려서 인형 목소리로 아이에게 음식을 먹여주고 싶다고 해도 좋다. 엄마가 주면 안 먹겠다며 고개를 돌리던 아이도 입을 벌릴 가능성이 높아진다. 아이 옆에 인형을 앉힌 후에 아이와 손님(인형) 둘을 번갈아가며 음식을 먹여줄 거라고 말해도 좋다. 손님에게 먼저 음식을 주고, 이후에 아이에게 음식을 줘보자. 역시 먹을 확률이 높아진다.

: TIP :

이유식(음식)을 안 먹는 아이를 위한 네 가지 팁

1. 엄마 아빠가 함께 식사하면 아이도 이유식을 더 잘 먹는다.
2. 아이 주도 이유식을 병행해보자. 아이가 스스로 먹을 수 있는 음식과 엄마 아빠가 먹여주는 음식이 따로 있으면 아이가 더 잘 먹는다. 엄마 아빠가 따로 먹여줄 필요조차 없을 수 있다.
3. 당근은 'X레이 부리부리레이저시력 당근'으로 불러보자. 아이가 안 먹는 음식 재료가 있다면 특별한 이름을 붙여주자. 《난 토마토 절대 안 먹어》에 나오는 비법인데 현실에서도 통한다. 똑같은 당근이라도 'X레이 부리부리레이저시력 당근'이라는 이름이 붙은 당근은 아이들이 두 배 더 잘 먹는다고 한다. 《난 토마토 절대 안 먹어》처럼 당근·오렌지뽕가지뽕, 완두콩·초록방울, 으깬 감자·구름 보푸라기, 생선 튀김·바다 얌냠 등으로 상상력을 발휘해보자.
4. 아이가 한 번 거부해도 좌절하지 마라. 엄마 아빠 속은 타겠지만 낯선 재료는 9~30번 혹은 그 이상을 봐야 한 번 핥아보고, 그 이상을 봐야 입에 넣어보고(뱉고), 그 이상을 봐야 입에 넣어 삼키는 신중한 아이들이 있다.

젤라틴 화석 놀이
(촉감, 문제해결력)

재료: 판 젤라틴, 작은 장난감

빈 용기에 아이 장난감을 넣고 젤라틴을 넣어 굳힌 다음 용기째 아이에게 준다. 아이는 낯익은 자신의 장난감을 꺼내기 위해 용감하게 젤라틴을 만질 수밖에 없다. 아주 좋은 촉감 놀이다. 젤라틴 화석을 만들어보자.

1 / 큼지막한 용기에 플라스틱 장난감을 둔다.
2 / 차가운 물에 젤라틴을 5분 정도 불린다(뜨겁거나 미지근한 물에서는 녹아버린다).
3 / 젤라틴을 물에 불리는 동안 물이나 아이 음료를 미지근하게 데운다.
4 / 불린 젤라틴의 물기를 살짝 짜고 미지근하게 데운 음료와 섞는다.
5 / 장난감을 넣어둔 용기 위에 젤라틴 용액을 채워 넣이 그대로 굳힌다.

: TIP :

젤라틴은 대형 마트 베이킹 코너에 있는 판 젤라틴으로 산다. 젤라틴이 들어가는 놀이를 하면 젤라틴이 끈적거리고 뭉개져 여기저기 묻어 치우기가 번거로울 수 있으므로 놀이 매트를 깔고 그 위에서 놀게 하는 게 좋다. 그리고 젤라틴이 조금 차가울 수 있으므로 따뜻한 날에 하는 게 좋다.

원인과 결과 놀이
(인지)

아이가 가지고 있던 공을 우연히 떨어트렸는데 엄마가 주워서 건네주면 아이는 어떤 생각을 할까? 아이는 또 다시 공을 떨어트리면 엄마가 주워서 건네줄 거라 기대한다. 원인에 따르는 결과를 이해하게 되는 시기기 때문이다. 전등 스위치를 누르면 전등이 켜지고, 리모컨을 누르면 채널이 바뀌고, 장난감 피아노 건반을 누르면 소리가 난다는 것을 이해하는 시기다. 이런 원인과 결과 놀이를 다양하게 찾아서 해주면 아이가 좋아한다.

용기 채우고 비우기
(촉감, 문제해결력)

큰 상자 등의 용기에 색깔 있는 공이나 블록을 집어넣었다가 용기를 뒤집어서 비워보자. 아이는 공이나 블록이 쏟아지는 모습을 눈을 반짝이며 보다가 함께 해보려고 나선다.

용기에 작은 물건을 떨어트리기
(시각, 문제해결력)

큰 상자 등의 용기에 작은 물건을 떨어트려보자. 떨어지는 물건을 따라 아이 눈이 움직인다. 아이도 마음대로 물건을 떨어트리며 놀게 하자.

온갖 접착테이프 떼기
(촉감, 문제해결력)

집에 있는 접착테이프를 종류별로 아무데나 붙여놓자. 아이 테이블이나 식탁 의자에 붙여도 좋고, 플라스틱 용기에 붙여도 좋다. 그런 다음 접착테이프 떼는 모습을 보여주자. 아이도 접착테이프를 떼며 즐겁게 논다.

=== TIP ===

이 시기에는 아이가 접착테이프 끝을 잘 찾지 못한다. 접착테이프 끝을 말아서 찾기 쉽도록 한 뒤에 접착테이프를 붙이자.

=== 주의 ===

아이가 접착테이프 떼기보다 접착테이프 빨기에 열중할 수 있다. 삼키지 못하도록 접착테이프를 크고 길게 자르자.

장난감 구출 작전
(촉감 소근육, 문제해결력)

재료: 접착테이프, 작은 장난감

접착테이프 이야기가 나온 김에 이 시기에 할 수 있는 접착테이프 놀이를 하나 더 살펴보자. 오븐 판이든 테이블이든 벽이든, 접착테이프를 붙여도 되는 곳이면 어디든 좋다. 작은 장난감을 몇 개 고르고 접착테이프로 묶어두자. 아이는 장난감을 구하기 위해 별별 방법을 동원해 접착테이프를 떼어낼 것이다. 문제해결력뿐 아니라 눈-손 협응력을 높일 수 있으며 소근육 발달에도 좋다. 대개 이 시기에는 접착테이프를 떼는 게 힘들 수 있다. 그래서 일단 장난감을 힘으로 잡아당겨 접착테이프를 뜯어낼 가능성이 높다.

= : TIP : =

마스킹테이프는 종이 재질이라서 떼기 쉽고 뗀 후에도 자국이 남지 않는다. 마스킹테이프도 끝부분을 살짝 접어 끝을 찾기 쉽게 해주자. 마스킹테이프를 색깔별로 준비해두면 여러모로 쓸 수 있다.

제3의 장난감 주기
(문제해결력, 인지)

블록과 마찬가지로 아이가 양손에 서로 다른 장난감을 쥐고 있을 때 아이 바로 앞에 또 다른 장난감을 보여줘 아이가 좋아하는 장난감을 선택하게 해보자. 문제해결력을 기르는 데 도움이 된다.

장난감 악기 놀이/집 안 물건의 악기화
(청각, 대근육, 소근육)

북, 플룻, 실로폰 등을 치고 흔들고 때리는 놀이다. 아이들은 냄비를 뒤집어서 북처럼 두드리는 것도 좋아한다. 커다란 주걱을 쥐어주면 알아서 신나게 두들긴다. 아이용 뮤지컬 장난감 하면 화려하고 큰 건반이 있는 장난감 피아노, 건반이나 버튼을 누르면 전자음이 나오는 악기 장난감 등을 생각하기 쉬운데 생활용품으로 악기를 만들어도 좋다.

캐스터네츠, 탬버린, 마라카스, 셰이커, 작은 실로폰 등 전자음이 나오지 않는 타악기도 좋다. 초등학생 때도 쓸 수 있게 비싸고 좋은 것으로 사고 싶을 수 있는데, 요즘은 거의 모든 준비물을 학교에서 나눠준다. 그러니 지금 쓰기에 적당하고 아이가 몇 번 가지고 놀다 내버려둬도 아깝지 않은 저렴한 걸로 사는 게 낫다. 아이가 비싼 장난감이라고 더 오래 갖고 놀거나 더 좋아하는 건 아니다.

먹어도 좋은 모래 놀이
(촉감, 소근육)

재료: 크래커 여러 개, 오트밀(귀리) 분말, 수납 상자

아이 발이 바닷가 모래사장에 처음 닿으면 아이는 어떤 반응을 할까? 아이마다 반응이 다르겠지만 엄마 아빠 마음은 비슷하다. 포동포동한 아이 발에 모래를 잔뜩 묻혀보고 싶고, 끌어안고라도 푹푹 빠지는 모래밭을 걸어보게 하고 싶은 마음. 모래가 발에 묻고 발이 푹푹 빠지면 어떤 반응을 보일지 궁금하다. 하지만 바다는 너무 멀고, 바다에 간다 해도 아이가 모래를 먹을까 걱정될 수 있다. 그럴 땐 집에서 모래사장을 연출해보자.

크래커를 잘게 잘라 오트밀과 섞어 믹서에 간다. 아이를 수납 상자에 앉히고 간 크래커+오트밀 가루를 수납 상자에 부어주자. 장난감도 함께 넣어주면 좋다. 믹서에 가는 게 번거롭고 크래커와 오트밀 분말이 없다면 쌀이나 보타이 파스타 면을 듬뿍 담아줘도 좋다. 다만 쌀이나 보타이 파스타 면은 평소 손으로 집은 건 무엇이든 입으로 넣는 아이라면 피해야 한다.

================ : TIP : ================

유럽에서는 모래와 색깔이 비슷한 그래햄 크래커를 사용하지만 우리나라에서는 구하기 어려우므로 쉽게 살 수 있는 크래커로 준비하자. 아이가 간 크래커를 입에 넣을 수 있으므로 이미 먹어본, 알레르기 반응을 보이지 않는 유아용 크래커가 좋다. 오트밀도 알레르기 테스트를 마친 다음 사용하는 게 좋다. 매번 만들기 번거로우므로 한 번 만들어서 밀폐 용기에 넣어두었다가 며칠 더 써도 좋다.

아무리 수납 상자에 아이를 앉혀놔도 아이는 손이나 발로 모래를 바깥으로 내보낼 것이다. 청소가 힘들다는 걸 미리 알고 이 놀이를 시작하자. 이 놀이를 응용한 먹어도 좋은 돌멩이 놀이도 있다. 물론 진짜 돌멩이는 아니다. 쌀 튀밥, 옥수수 튀밥, 떡 뻥 같은 유아용 과자를 수납 상자에 넣어주면 된다.

수도 없이 쌓이는 광고지도 모래 대신 쓸 수 있다. 광고지를 잘게 잘라 수납 상자에 넣어주고 컵 세트, 스푼, 모든 아이들이 너무나 사랑하는 트럭 장난감을 넣어주자. 아이가 어릴 때는 커다란 플라스틱 수납 상자가 매우 좋은 놀이 장소다. 아이 전용으로 하나 장만해두어도 좋고, 신생아 때 쓰던 욕조를 그대로 활용해도 좋다. 아이가 들어갈 만한 크기라면 더 좋다.

인형 다 모아 놀이
(촉감, 사회성)

재료: 인형 여러 개, 수납 상자/택배 상자

아이가 들어갈 수 있는 수납 상자 안에 집 안에 있는 모든 인형을 몰아 넣는다. 아이도 그 안에 들어가게 한다. (수납 상자나 택배 상자 안에 인형을 넣어 두면 굳이 말하지 않아도 아이가 알아서 들어간다.) 인형마다 질감이 조금씩 다르기 때문에 촉감 놀이용으로도 좋다. 익숙한 인형들이라 하나씩 만지고 빨며 좋아한다. 무엇보다 아이는 택배 상자 속 내용물보다 택배 상자 자체를 더 좋아한다. 상자란 상자는 다 좋아한다.

먹을 수 있는 핑거페인트
(촉감, 소근육, 집중력)

재료: 전분, 물, 소금, 식용색소, 판 젤라틴, 플레인 요구르트

핑거페인팅은 촉감 놀이로 더 없이 좋지만 손에 잡히는 건 무엇이든 입으로 넣는 시기에는 먹어도 안전한 감자 전분이나 판 젤라틴으로 페인트를 만들어야 한다. 종이나 쟁반은 테이블에 접착테이프로 붙여 움직이지 않도록 고정해줘야 핑거페인팅을 하기 좋다. 핑거페인트는 다음 1, 2, 3 방법 중 편한 방법으로 만들면 된다.

1 / 전분 반 컵, 물 한 컵, 소금 반 스푼(+식용색소)을 섞어서 전자레인지에 조금씩 돌려 적당한 묽기가 되면 페인트 만들기 끝. 식용색소는 대형 마트나 베이킹 재료를 파는 곳에서 살 수 있다.
2 / 판 젤라틴을 10분 정도 물에 불려 흐물흐물해지면 음료수나 물을 따뜻하게 만들어 섞은 후 굳히면 끝.
3 / 플레인 요구르트(+식용색소)

: TIP :

핑거페인팅 같은 미술 놀이를 할 때는 옷이 금방 더러워지므로 미술 놀이용 옷을 입히는 게 좋다. 굳이 따로 사지 말고 엄마 여름옷을 입히고 어깨 부분을 묶어줘도 귀엽다. 놀이 매트 안이 좋지만 놀이 매트가 없다면 신문지를 잔뜩 깔아놓고 시작해도 좋다. 어디서 시작하든 물걸레나 물티슈는 미리 잔뜩 준비해놓자.

건강한 슬라임 놀이
(촉감, 소근육, 집중력)

재료: 전분, 물

슬라임 놀이는 어른 아이 가릴 것 없이 누구나 좋아하는 놀이다. 엄마 아빠도 아이와 함께 해보면 기분이 좋아지는 놀이다. 하지만 시판 슬라임에 아이 건강을 위협하는 유해 물질이 많다는 기사를 보면 영 찜찜하다. 이럴 땐 안전한 재료로 직접 슬라임을 만들어보자.

우선 전분과 물을 3:1 비율로 섞는다. 액체처럼 줄줄 흘러내리지만 아주 잠깐 손에 잡히는 무언가가 있다. 전분을 조금 더 넣으면 밀가루 반죽처럼 조금 단단해진다. 반죽 덩어리를 손으로 쥐면 고체 반죽이 순식간에 액체로 변하면서 줄줄 흘러내린다. 우블렉으로 불리는 슬라임 종류인데, 아이들이 굉장히 좋아한다. 사실 나도 좋아한다. 나중에 치우기가 번거롭지만 포기하기엔 너무 아까운 감각 놀이라 한번 해보길 추천한다. 아이에게 미술 놀이 전용 옷을 입히고 바닥에 신문지를 깔아두면 좋다. 색을 인지할 수 있으므로 식용색소를 섞어줘도 좋다. 여름날 목욕 직전에 욕조에서 해주면 손쉽게 치우기도 좋은 놀이다.

베이비사인 딱 네 개만
(소근육, 인지, 의사소통)

베이비사인은 임신부교실이나 문화센터에서도 자주 여는 강좌 중 하나다. 아이에게는 말로 표현하는 것보다 몸짓으로 표현하는 게 더 빠르기 때문에, 베이비사인을 일찌감치 배운 아이는 만 8개월만 되어도 베이비사인 다섯 개와 음성 단어 한 개를 사용할 수 있다고 한다. 꽤 재미있고 유용하지만 베이비사인 강좌를 따로 들을 필요는 없다. 아이가 말하기 전까지 꼭 필요한 베이비사인 수가 많지 않기 때문이다. '더', '맘마', '코 자', '끝', '그만' 이 정도만으로도 충분하다.

수면컨설턴트인 나는 '코 자'가 진짜 제 역할을 하는지 의문이다. 아이들은 말을 어느 정도 하는 나이가 돼도 잠이 올 때 졸리다거나 잠이 온다고 말하는 경우가 드물기 때문이다. 조용히 아무데나 가서 눕는다거나 반대로 온갖 짜증을 내고 투정을 부리거나 방방대는 경우가 훨씬 많다. 그래서 나는 '코 자'를 필수 베이비사인에 넣지 않는다. 나머지 '더', '맘마', '끝', '그만'은 주로 먹는 것과 연관된 단어로 필수 단어에 속한다. 생후 5~6개월에 베이비사인을 가르치기 시작하면 생후 10개월쯤 돼야 따라 한다고 할 정도로 시간이 필요하다. 반복해야 아이가 익힐 수 있으니 꾸준히 해주자.

: TIP :

꼭 필요한 의사소통을 위한 베이비사인도 좋지만, 행복하다는 표현도 하나 정해 아이와 비밀 신호로 사용하자. 눈을 깜빡깜빡하는 등의 귀여운 신호면 어떨까?

눈 크게 뜨고 보세요! 불가능 큐브
(인지)

아래 큐브 중 오른쪽에 있는 큐브는 현실에서는 있을 수 없는 큐브다. 어른인 우리는 단박에 알아챌 수 있지만 아이도 바로 눈치 챌 수 있을까? 발달심리학자들은 아직 말을 하지 못하는 아이의 인지를 연구하기 위해 다양한 실험을 시도했다. 그중 습관화 기법에 관한 실험이 있는데, 아이도 동일한 자극에 대해서는 습관이 돼 지루해한다고 한다. 아이에게 습관이 된 자극과 습관이 안 된 자극, 두 가지를 보여주면 습관이 안 된 자극을 더 오랫동안 바라본다는 것이다. 또한 두 자극을 보여줄 때 쪽쪽이를 물고 있게 하면 습관이 안 된 자극을 바라볼 때 쪽쪽이를 더 세게 빤다. 이 습관화를 이용하여 아이의 심리와 인지 실험을 할 수 있다. 아이에게 아래 두 가지 사진을 보여주면, 4개월 된 아이도 오른쪽 사진을 두 배는 더 오랫동안 바라본다고 한다.

출처 Shuwairi, Sarah M.; Tran, Annie; DeLoache, Judy S.; and Johnson, Scott P. Infants' responses to pictures of impossible objects. Infancy 15(6): 636–649, December 2010.

심지어 아래와 같은 평면 큐브 그림을 보여줘도 오른쪽 그림을 더 오래 바라본다고 한다. 입체 사진이나 평면 그림에 대한 반응이 마찬가지다. 아이에게 두 그림을 동시에 보여주고 몇 초씩 바라보는지 잘 살펴보자(247쪽 그림 잘라 쓰기). 이 그림을 별개의 카드로 만들어 9개월 된 아이에게 각각 만질 수 있게 해주면, 역시 불가능 큐브 쪽을 더 오랫동안 만지작거린다고 한다.

달님 안녕!
(인지)

아이가 어렸을 때부터 《달님 안녕》을 읽어줬는데 어느 날 진짜 '달님'을 보여준 적이 없다는 걸 알고 깜짝 놀랐던 기억이 있다. 놀이라 하긴 어렵지만 아이들과 꼭 한 번 해봤으면 하는 바람을 담아 놀이에 넣었다. 늦은 밤까지 아이가 깨어 있는 날이라면 꼭 달님을 보여주자. 평소에 《달님 안녕》을 읽어준 적이 있다면 책 속 문장을 이용해 말을 한다.

"밤이 되었네. 봐요. 하늘이 깜깜해졌어요.
어? 지붕 위가 환해지네.
아아! 달님이 떴어요.
달님, 안녕?"

구름이 달을 가리면 다시 말을 한다.

"구름 아저씨! 안 돼요. 나오면 안 돼요. 달님이 우니까요.
구름 아저씨, 비켜 주세요! 달님 얼굴이 안 보여요.
미안 미안. 달님과 잠깐 이야기했지. 그럼 안녕! 또 만나요."

구름이 걷히고 달이 쏙 나오면 또 말을 한다.

"아, 나왔네! 달님이 웃고 있네. 달님, 안녕? 안녕하세요."

상자 동물 맘마 먹이기
(촉감, 소근육, 사회성)

재료: 동물 사진/그림, 파스타, 과자(좀 더 큰 아이라면 폼폼도 OK)

작은 택배 상자가 있다면 한쪽 면에 종이를 붙여 고양이 등 동물 얼굴을 그리고 입 부분에 구멍을 뚫어 먹을 곳을 만들어준다. 펜네 파스타 면을 그릇에 담아 아이에게 줘서 고양이에게 밥을 먹여달라고 부탁해보자. 파스타 면 대신 폼폼을 먹여도 된다.

대상영속성 놀이 셋 _감탄할 준비_

대상영속성은 특정 대상이 눈에 보이지 않아도 계속 존재하고 있음을 아는 능력이다. 6~12개월은 대상영속성이 막 발달하기 시작하는 시기라 엄마(아빠)가 눈에 보이지 않으면 불안해하는 분리불안도 함께 시작된다. 이 시기에 다음 세 가지 놀이를 해주면 아이가 대상영속성을 얻는 데 도움이 된다.

이불 속 감추기 놀이

공(작은 장난감)을 아이 눈앞으로 가져가 보여준다. 관심을 보일 때까지 보여주고, 관심을 보이면 가지고 놀게 한다. 그러다가 공을 이불 속으로 숨긴다. 이때 아이의 반응을 살펴보자. 아이 월령에 따라 반응이 세 가지로 나타난다.

1/ 무슨 일이 벌어졌어? (전혀 관심 없음)
2/ 어? 공이 어디 갔지? (어리둥절)
3/ 이불 속으로 넣는 거 나 봤어. 공 꺼낼 거야~!

눈에 보이지 않는 물건(대상)이라도 어딘가에 있다는 걸 아는 3번 아이라면, 대상영속성을 획득했다는 의미다. 1번 아이는 눈에 보이면 있는 것(존재하는 것), 눈에 보이지 않으면 없는 것(존재하지 않는 것)이라 생각한다. 2번 아이는 1번과 3번의 중간이다. 있는 것 같긴 한데 그 방향을 찾을 수가 없는 상태다.

3번 반응을 보인 아이라면 이다음 놀이도 해보자. 이번엔 이불이 두 개 필요하다. 첫 번째와 동일하게 공을 이불 속에 넣고, 공이 이불 속에 있다는 걸 다시 확인시킨다. 그러고나서 공을 첫 번째 이불이 아닌 다른 이불 속에 숨긴다. 이때 아이의 반응은 두 가지다.

1 / 아까 첫 번째 이불 속에서 공을 찾았으니까, 이번에도 첫 번째 이불 속에 있겠지?
2 / 다른 이불 속으로 넣는 거 나 봤어.

1번 반응을 보이면 조금 어이가 없겠지만 이런 오류도 아이의 인지 발달 과정 중 하나다. 작은아이가 어릴 때 이 실험을 큰아이(당시 초2)와 함께 한 적이 있는데, 동생이 1번 반응을 보이자 큰아이가 "아니, 이걸 몰라?" 하며 큰 소리로 웃음을 터트렸다. 작은아이는 누나가 왜 웃는지도 모르고 어리둥절.

키친타월 심 + 탁구공 놀이

아이가 보는 앞에서 키친타월 심 안으로 탁구공을 집어넣는다. 반대쪽으로 탁구공이 나오면 신기해하는지 관찰해보자. 한 번 해주면 다음은 자기가 하겠다고 할 것이다. 아이가 심지에 탁구공을 넣는 건 쉬운 일이 아니므로 엄마 아빠는 인내심을 갖자.

화장지 심 + 스카프/작은 수건 놀이

아이가 보는 앞에서 화장지 심에 스카프를 집어넣는다. 반대쪽으로 스카프가 살짝 나오게 한 후, 나온 스카프를 잡아당긴다. 스카프가 심 안으로 들어가 보이지 않아도 안에 있다는 걸 알 때가 되면 스카프를 살짝 뺄 필요도 없다. 아이가 알고 반대쪽으로 손가락을 집어넣어 뺄 것이다. 이 놀이는 손가락 소근육을 발달시키는 데도 좋다.

청각 놀이
(청각, 대근육, 소근육)

재료: 주방 도구, 쌀/보리/콩/파스타, 주스 병 등

작은 플라스틱 통이나 주스 병에 쌀, 보리, 콩, 파스타 등을 넣는다. 뚜껑을 꽉 닫고 혹시 모르니 뚜껑 주위를 스카치테이프로 붙여 내용물이 쏟아지지 않게 한다. 아이는 이것저것 살펴보고 흔들면서 논다. 이것저것 만들기 힘들 땐 싱크대에서 냄비, 프라이팬, 들통 등을 꺼내 뒤집어놓고, 아이에게 나무 주걱 등을 쥐어주자. 알아서 두드리고 흥얼거리며 논다. 싱크대 안에 장난감(?)이 가득하다는 걸 한 번 알면, 알아서 꺼내 갖고 놀기도 한다.

=== : TIP : ===

위험한 물건이 있다면 싱크대에 잠금 장치를 해두거나 아이 손에 닿지 않는 곳으로 옮겨야 하는 시기다.

뽑아도 뽑아도 물티슈
(소근육, 눈-손 협응력, 문제해결력)

재료: 물티슈 통, 가제 수건/천 조각, 실

물티슈 통에 가득했던 물티슈가 하나도 빠짐없이 방바닥에 널브러져 있는 모습은 어린아이가 있는 집에선 흔하게 볼 수 있는 광경이다. 이 난리(?)를 그대로 놀이로 바꿀 수 있다. 필요한 건, 다 쓴 물티슈 통과 가제 수건이나 천 조각 등이다. 물티슈가 겹쳐 있듯이 가제 수건이나 천 조각을 여러 장 겹쳐 다 쓴 물티슈 통에 집어넣는다. 물티슈 통 뚜껑을 열어 천 하나를 뽑아두면 그다음은 아이가 알아서 한다. 청테이프로 물티슈 통을 바닥에 고정해두면 아이가 더 쉽게 놀 수 있다.

이 놀이를 하고나면 상자에 담긴 모든 것을 꺼내는 데 아이가 더 심취할 수 있다. 엄마 아빠가 잠깐 한눈 파는 사이 갑 티슈와 물티슈는 물론 주방 서랍에 있던 위생장갑이나 지퍼백을 하나도 빠짐없이 빼내 널브러트릴 수 있다. 그러다 두루마리 화장지 풀기를 섭렵하고 롤 백, 랩, 키친타월, 쿠킹 포일 풀기에도 도전한다. 너무 순식간이라 또 한 번 아이의 능력에 감탄할지도 모른다. 물티슈와 화장지는 아이 손에 닿지 않는 곳에 두고 주방 서랍도 잠금 장치를 해두길 바란다.

: TIP :

물티슈가 아닌 털실로도 비슷한 놀이를 즐길 수 있다. 털실은 아이가 손으로 잡기 쉽게 두께가 굵은 것이 좋다. 아이가 삼킬 수 없도록 털실을 조금 길게 자른다. 질감이 다양한 털실을 준비하면 촉감 놀이로도 좋다. 눈-손 협응력은 물론 소근육 발달에도 도움이 된다.

DIY 팝업북
(소근육, 눈-손 협응력)

재료: 포스트잇, 아이 책

포스트잇만 있으면 어떤 책이라도 팝업북으로 바꿀 수 있다. 팝업북은 앞서 소개한 대상영속성 획득에도 좋지만 아이가 스스로 페이지를 넘기기 때문에 소근육 발달에도 좋다. 포스트잇 아래에 있는 내용을 예측하고 기억하는 놀이라 뇌 사용도 활발해진다. 포스트잇을 낱말 책이나 도감에 붙이면 더 효과적이다. 이야기책에도 결정적인 장면에 포스트잇을 붙여놓고 이야기를 들려주면 아이가 포스트잇을 떼면서 더 좋아한다.

TIP

포스트잇을 벽이나 창문에 여기저기 붙여보자. 단순히 포스트잇 떼기 놀이만으로도 아이는 충분히 즐겁다.

촉감 국수 놀이(+먹기)
(촉감, 소근육)

재료: 국수/스파게티

놀이로 시작했는데 먹기로 끝날 놀이이자 먹어도 안전한 놀이다. 국수나 스파게티 같은 면이라면 다 괜찮다(당연히 알레르기 테스트를 거친 재료여야 한다). 면을 충분히 삶아서 넓은 쟁반에 놓아주자. 아이는 손으로 만지고 입으로 탐험하다 먹기도 한다. 먹어도 좋고 안 먹어도 그만이다. 촉감 놀이 중 이 정도로 훌륭한 놀이가 또 있을까 싶다.

: TIP :

아이가 아플 때는 이런 놀이 겸 활동이 입맛을 살리는 데 도움이 되기도 한다. 국수를 잔뜩 삶지 말자. 아이가 좋아하면 그때 더 삶아서 줘도 충분하다. 이왕이면 국수, 스파게티, 당면 등 질감이 다른 면을 여러 가지로 준비하자. 색이 다양한 칼국수 면도 좋다.

대형 얼음 물감 놀이
(촉감, 소근육)

재료: 물, 식용색소, 과자 통/두부 갑/머핀 판 같은 틀

틀은 아이가 손으로 잡을 수 있는 크기고 얼린 물을 담을 수 있다면 무엇이든 괜찮다. 틀에 물을 붓고 식용색소를 떨어트려 냉장고에서 얼린다. 틀째 아이에게 넘겨줘도 좋다. 아이가 색색 얼음을 만지며 놀다 보면 서서히 물이 녹는데 아이는 어떻게든 얼음을 틀에서 빼낼 것이다. 녹은 얼음으로 바닥에 그림도 그리고 이리저리 만지며 논다. 촉감 놀이로 좋고, 아이가 틀에서 얼음을 빼기 위해 머리를 쓰며 이리저리 손을 놀리는 모습을 보는 것도 즐겁다.

: TIP :

큰 얼음을 한 번에 만들기는 어렵다. 조금씩 만들어 지퍼백에 모아뒀다 양이 넉넉해지면 그때 사용한다.

선샤인 페인팅
(촉감, 시각, 소근육, 대근육, 정중선 교차)

재료: 지퍼백, 접착테이프, 물감

아이가 벽을 짚고 일어서서 벽을 타고 걷는 연습을 하기에 좋은 놀이다. 다시 한 번 지퍼백을 이용해 깔끔한 미술 놀이를 해보자. 커다란 지퍼백 안쪽 면에 물감을 몇 덩어리 크게 묻힌 다음, 넓은 접착테이프로 지퍼백을 창에 붙여주자. 지퍼백을 붙이는 곳으로 벽보다 창이 좋은 이유는 햇빛이 비칠 때 물감 색이 더 아름답기 때문이다. 서서 하는 놀이라 균형 감각이나 운동 감각을 기르기에도 좋고 시각과 촉각을 자극하는 데도 좋다.

터널 놀이
(대근육)

재료: 식탁 의자, 이불, 수건, 양말

이 놀이는 아이가 기기 시작할 때부터 할 수 있는데, 아이가 잘 걸을 때 해도 좋은 놀이다. 인터넷에서 '터널 놀이'나 '터널 텐트'를 검색하면 다양한 제품이 많이 나온다. 이미 거실에 아이 장난감으로 꽉 차 공간이 없거나 지금 당장 터널 놀이를 하고 싶다면 터널을 간단히 만들어줘도 된다. 식탁 의자를 양쪽으로 나란히 배치하고 위쪽에 얇은 이불을 덮어주면 끝난다. 그다음엔 아이가 알아서 논다. 사실 이 놀이는 가르쳐주지 않아도 아이가 자연스럽게 하는 놀이이기도 하다. 방금 옆에 있던 아이가 어느새 식탁 아래로 들어가 있는 모습은 아이를 키울 때 흔하게 보는 광경이다.

아이가 식탁 밑에서 노는 걸 좋아한다면 식탁이나 의자에 수건이나 양말 등을 붙여 실세 놀어트려주자. 아이가 더 즐거워한다. 물론 이 놀이를 마치면 집안이 난장판으로 변해 떠돌이 집시가 된 듯한 기분에 사로잡히겠지만 너무 우울해하진 말자.

쿠션 오르기
(대근육, 균형 감각)

재료: 집에 있는 베개와 쿠션 전부

이 시기 아이는 기는 데 선수다. 집에 있는 베개와 쿠션을 모두 꺼내 새로운 장애물을 만들어주자.

──────── : TIP : ────────

이왕이면 쿠션 한쪽 끝에 아이가 좋아하는 장난감을 두자. 일종의 동기를 만들어주는 셈이다. 아이가 원하는 장난감을 손에 넣었을 때 굉장히 즐거워하는 모습을 볼 수 있다. 아이의 효능감이 높아지는 순간이다. 아이가 좀 더 자라면 쿠션을 더 쌓아 올려주자. 아이가 쿠션 위를 능숙하게 걷는다면 쿠션 위에서 (엄마 아빠 손을 잡고) 뒤로 걷기와 점프하기도 시켜보자.

왕면봉 끼워 넣기 놀이
(소근육)

재료: 왕면봉/빨대/연필, 달걀판

달걀판 밑면에 구멍을 뚫어 왕면봉 끼워 넣기 놀이를 해보자. 왕면봉 대신 빨대나 연필 등을 써도 좋다. 매우 신중하고 차분한 아이를 만날 수 있다. 달걀판에는 식중독을 일으킬 수 있는 살모넬라균이 있을 수 있으므로 에탄올을 뿌린 후 햇빛에 잘 말려서 사용하자.

빨래 바구니 밀기
(대근육, 균형 감각)

재료: 빨래 바구니

걸음마 보조기나 쇼핑카트 같은 걷기를 돕는 장난감이 꽤 많다. 하지만 나는 빨래 바구니보다 훌륭한 걷기 (또는 밀기) 장난감을 보지 못했다. 걸음마를 시작할 무렵 아이들은 크기가 적당하다 싶으면 무엇이든 밀고 다니길 좋아한다. 일부러 걸음마 보조기를 사주지 않아도 되는 이유다. 아이는 이런 연습을 하면서 대근육을 발달시키고 균형 감각을 익힌다. 빈 빨래 바구니로는 균형 잡기가 쉽지 않으므로 빨래더미를 넣어 무게를 더해주면 좋다. 빨래더미가 없다면 아이에게 장난감을 직접 넣으라고 한 다음, 밀고 다니라고 한다. 자신감이 붙은 아이는 방 안에 있는 의자며 상자를 다 밀고 다닌다. 밖에 나가면 유모차를 직접 밀겠다고 하기도 한다.

== : 알고 가기_빨래 바구니 놀이터 : ==

이참에 빨래 바구니 용도에 대해 살펴보자. 나는 '빨래 바구니에서 자는 아이' 사진을 보고 처음에는 '뭐 하러 빨래 바구니에 애를 재워?'라고 생각했다.

빨래 바구니 침대 아이디어를 낸 사람은 아이를 재운 후에 이곳저곳으로 아이를 옮기기 쉬워서 그랬다고 한다. 그런 용도로도 좋지만 기념사진용으로도 좋다. 나중에 아이가 컸을 때 "네가 빨래 바구니에서 잘 만큼 이렇게 작았어"라고 하면 아이가 굉장히 신기해하면서 기뻐할 걸 알기 때문이다.

빨래 바구니로 미니 볼풀도 만들 수 있다. 물론 미니 볼풀이라고 해서 공이 사방으로 튀지 않을 거라 착각하면 곤란하다. 크든 작든 볼풀은 늘 집 안을 난장판으로 만든다. 좁은 공간에서도 아이가 볼풀 감각을 충분히 느낄 수 있다는 데 의미를 두자. 아이들은 생각보다 좁은 공간을 좋아해서 볼풀은 볼풀대로 좋아하고, 미니 볼풀은 미니 볼풀대로 좋아한다.

빨래 바구니를 욕조에도 넣어보자. 목욕 장난감이 멀리 가지 않고 아이 주위에 머물기 때문에 더 편하게 목욕 놀이를 할 수 있다. 단, 구멍이 없는 빨래 바구니는 흔들리거나 뒤집힐 수 있으므로 물 높이가 충분한지 확인해야 한다.

준비하는 게 조금 번거롭지만, 빨래 바구니에 장난감을 몇 개 넣고 틈 사이로 끈을 여러 개 엮어줘도 좋다. <미션 임파서블>에서 레이저를 피해 보물로 다가가는 것처럼, 아이도 끈을 피해 장난감을 꺼내려고 이리저리 머리를 굴리며 손을 움직인다. 이런 활동을 통해 문제해결력을 키울 수 있다.

―― { 편하게 살자 3 } ――

* 쌓기 컵

아이 장난감 중에서 없어서는 안 되는 장난감이다. 컵을 쌓고 겹치고 굴리며 다양한 방법으로 놀 수 있다.

가장 작은 컵을 가장 큰 컵에 넣고 흔들면 딸랑이로도 변신한다. 큰 컵 속에 작은 물건을 넣으면 숨기기 놀이, 컵을 서로 부딪쳐서 소리를 내면 악기 놀이, 물을 담고 쏟고 띄우면 목욕 놀이를 할 수 있다. 컵을 아이 머리 위에 올렸다가 움직이면 떨어지게 하는 균형 놀이도 할 수 있다. 아이 과자를 넣는 그릇으로도 쓸 수 있다. 그릇으로 쓰면 아이는 자연스럽게 컵도 빨기에 빨기 놀이(?) 용도로도 쓰인다.

'쌓기 컵'도 좋지만 흔히 '파티 컵'으로 불리는 색이 선명한 플라스틱 컵도 사두면 여러 모로 잘 쓸 수 있다.

* 블록

블록 역시 필수 장난감이다. 나무 블록은 쌓고 무너트리고 부딪치기 등 블록 본연의 기능을 활용해 갖고 놀기 좋다. 헝겊 블록이나 부드러운 실리콘 블록은 블록 본연의 기능을 활용하기 좋을 뿐 아니라 정육각형 면마다 다른 질감이라 입으로 물고 빠는 용도로 쓰기 좋다. 딸랑이나 치발기 기능이 더해지거나 손으로 쥐고 뭉갤 수 있는 재질로 나온 블록도 많다.

블록을 종류별로 가지고 있어도 좋다. 아무래도 아이가 손으로 쌓기 편한 큰 블록이 낫다.

* 액티비티 큐브(대형, 소형)

각 면마다 버튼을 누르면 다른 음악이 흘러나오는 큐브, 촉감이 다른 큐브 등이 있다. 아이가 서서 놀아야 할 만큼 제법 큰 큐브도 있다. 큰 액티비티 큐브에는 각 면마다 다른 종류의 놀이 아이디어가 있어, 아이에게 이 큐브를 주면 꽤 긴 시간 가지고 논다. 종종 다른 방향으로 세워서 다른 느낌이 나도록 한다.

* 스마트폰 장난감

아이도 엄마 아빠가 늘 사용하는 물건을 쓰고 싶어 한다. 스마트폰 장난감은 역할 놀이를 할 때 쓰기 좋다. 요즘은 10대 아이들조차 수화기가 따로 달린 전화기를 본 적이 없다고 하는 경우가 많으므로, 고전 장난감보다는 스마트폰 모양 장난감을 사주는 게 낫다.

* 링 쌓기

눈-손 협응력을 돕는 장난감이다. 링마다 색상이 달라 색 인지 발달을 돕는다. 아이는 처음엔 아무런 순서 없이 마구잡이로 링을 쌓지만, 어느새 크기에 맞춰 링을 쌓는다. 제 순서가 아니면 링이 잘 끼워지지 않는 제품도 있어 문제해결력을 키울 수 있다. 꼭 순서에 맞춰 끼우지 않더라도 링을 막대에 끼우는 것만으로도 인지 발달에 도움이 된다.

* 롤러코스터

대부분의 액티비티 큐브에 붙어 있는 장난감이다. 액티비티 큐브를 사지 않았다면 롤러코스터 정도는 사두는 게 좋다. 눈-손 협응력을 길러주며, 구슬을 선 따라 움직여보면 균형 감각도 발달한다.

* **점퍼루/ 쏘서**

소아청소년과 의사는 권하지 않지만 막상 애를 키우면 사지 않고는 버티기 힘든 육아 용품이다. 상품 설명서에는 아이 발달에 도움이 된다는 말이 있지만 현혹되지 말자. 아이 발달을 위해서라면 사지 않는 게 최선이다. 아이 발달보다는 베이비시터 기능에 최적화된 용품이라고 보는 편이 낫다. 나 역시 사라고 권하지는 않지만 엄마들에게 잠시 휴식을 선물하는 용품인 걸 알기에 사지 말라고도 못 하겠다.

만약 사기로 마음먹었다면 점퍼루나 쏘서 기능에 충실하고 간단한 제품을 사길 바란다. 제품에 붙은 화려한 장난감은 이미 가지고 있는 장난감을 변형한 형태일 가능성이 높기 때문이다. 괜히 화려한 장난감 때문에 비싼 돈을 내고 살 건 아니다. 바운서나 그네와 마찬가지로 한 번에 15~20분 이내, 하루 2시간 이내로 사용하자.

* **걸음마 보조기**

캐나다에서는 판매가 중지될 정도로 사고 위험이 많은 육아 용품이라 소아청소년과 의사는 권하지 않는다. 점퍼루나 쏘서와 마찬가지로 아이가 서기 시작할 때 엄마 아빠가 손을 잡아주지 않아도 된다는 장점 때문에 애용되는 육아 용품이다. 걸음마 연습용으로 쓸 수 있지만 아이가 걷는 속도보다 보조기 바퀴 구르는 속도가 빨라지면 아이가 넘어지거나 제품이 뒤집힐 수도 있어 위험하다. 또 아이 몸집보다 작지만 세워진 형태라 아이가 올라타려고 해 사고가 나기도 한다.

그래도 사주고 싶다면 바퀴가 없는 제품을 사길 권한다. 조금 오래 쓰고 싶다면 물건을 넣을 수 있는 공간이 있어 쇼핑 카트처럼 밀고 다닐 수 있는 형태가 낫다. 아이가 걸음마를 뗀 후에도 밀고 다니며 놀기 때문에 오래도록 쓸 수 있다.

* **나무 퍼즐**

처음에는 큼직한 손잡이가 달린 나무 퍼즐을 구입하는 게 좋다. 손에도 잘 잡히고 서너 조각으로 구성된 쉬운 퍼즐을 선택하자. 아이가 모양을 맞추기 위해 노력하는 모습을 보면 미소가 절로 지어질 것이다.

* **리듬악기 세트**

탬버린, 캐스터네츠, 실로폰, 핸드벨 등 흔들고 두드리는 리듬악기는 청각 자극에 좋을 뿐 아니라 미세 근육 발달에도 도움이 된다. 아이에게 리듬악기를 여러 개 주면 박자를 느끼고 각 악기의 미세한 소리도 구분할 수 있을 것이다.

어린아이 전용 제품은 아이가 입으로 빨 것을 대비해 좀 더 고급스러운 재질로 만든다. 가격이 부담스럽다면 초등학교 리듬악기 세트(아이에게는 트라이앵글 채를 빼고 준다)도 괜찮다.

13~18개월 놀이

이 시기는 아이에게 터닝 포인트다. 한두 마디씩 말도 할 수 있고 도움 없이 여기저기를 다닐 수도 있다. 아이는 아장아장 걷기 시작하면 그만큼 더 자주 밖으로 나가겠다고 의사표현을 한다. 밖으로 나가는 것뿐인가, 모든 상황에서 매우 단순하지만 강하게 자기 의견을 낸다. 물론 여전히 작고 어려, 툭하면 넘어지기도 하고 스스로 하겠다고 했다가 잘 안 된다고 짜증을 내기도 하지만 돌 이전과 비교하면 다 키운 듯 느껴진다.

낮잠을 한 번만 재워도 되고 덜 안아줘도 되므로 육아가 한결 수월해진다. 다만 깨어 있는 시간이 늘어나는 만큼 어떻게 놀아줘야 할지 고민도 늘어난다. 젖이나 분유 섭취량은 자연스럽게 줄어들지만 유아식 섭취량은 크게 늘지 않아 엄마들 애를 태우는 시기이기도 하다. 없으면 안 될 것처럼 좋아하던 음식을 어느 날 갑자기 쳐다보기도 싫어 하고, 아무리 먹이려 해도 내치던 음식을 어느 날 갑자기 입에 쏙 넣기도 한다. 큰일 날 만큼 안 먹고 굶지는 않을 테니 너무 애를 끓이지 말자.

　이 시기에 아이는 스펀지처럼 새로운 말을 흡수한다. 더 많은 말을 들려주겠다고 단어 카드를 만들 필요는 없다. 아이는 일상에서 자연스럽게 말을 배우며 사용하는 단어가 늘어난다. 물론 아이가 쓰는 말이 무슨 의미인지 알아내는 건 또 다른 이야기다. 사회성이 발달해가면서 친구도 점차 중요해지기 시작한다. 인형을 통해 남을 돌보고 남과 노는 법을 연습하면서 자신의 감정에 대해 배운다. 타인의 감정을 알아채고 자신의 감정을 표현해가는 과정에 들어선다. 좋게 말하면 자기 의견 표현이고 나쁘게 말하면 떼쓰기도 슬슬 시작된다.

　이 시기의 아이는 작은 과학자이자 탐험가다. 아이에게는 모든 것이 실험이고 모험이다. 엄마 아빠 눈에는 대체 왜 이러나 싶은 일들을 한다. 아이를 이해하려면 아이 관점에서 세상을 바라봐야 한다. 집 안 물건이 갑자기 사라지는 일도 발생한다. 이럴 때는 쓰레기통, 변기, 소파 밑, 매트 밑을 살펴보자. 청소하고 돌아서면 다시 선생터가 펼쳐져 있더라도 너무 좌절하지는 말자. 내일이 또 있다.

13~18개월 아이의 일반적인 발달

돌 전후로 첫발을 떼고 걷기 시작한다. 아무렇지 않게 첫발을 떼기도 하지만 아슬아슬하게 첫발을 떼는 걸 보고 있노라면 탄성이 절로 나온다. 스스로 대견하다고 여길 만큼 충분히 칭찬해주자. 자신감을 갖고 더 열심히 걸어나갈 것이다. 물론 몸과 마음이 따로 놀아 수없이 넘어지고 엎어진다. 그래도 또 일어나 걷다가 자신감이 더 붙으면 뛰기 시작한다. 스스로 걷고 뛸 수 있다는 걸 알고 유모차에서 자꾸 내리겠다고 하는 시기다.

대근육 발달

걸음마를 떼고 혼자 걸어서 탐험을 시작한다. 도움을 받아 계단을 오르내리거나 뛰어내리기 시작한다. 블록 장난감을 서로 부딪쳐 소리도 내고 한두 개는 쌓을 수도 있고 쌓아둔 블록을 무너트리기도 한다. 컵에 든 음료도 마실 수 있다. 눈-손 협응력이 좋아져서 (아직 잘하진 못해도) 옷도 스스로 입으려 한다. 작은 돌이나 단추처럼 작은 장난감도 잘 집는다. 삼키면 매우 위험하므로 아이 주위에 입에 넣을 만한 작은 물건을 두지 않는다. 특히 장난감에 많이 들어가는 단추 모양의 리튬건전지는 매우 위험하므로 건전지 통에 모아 잠근 후에 아이 손에 닿지 않는 높은 곳에 둔다.

청각과 시각

ㅁ, ㄷ, ㄱ, ㅈ을 시작으로 자음을 듣고 따라 하기 시작한다. 엄마, 아빠 말고도 물, 맘마 같은 간단한 단어를 말할 수 있다. 멍멍, 야옹 같은 의성어를 잘 알아듣고 흉내 내며 따라 한다. 장난감 모양을 구분하고, 그 장난감 크기와 모양에 맞는 구멍 속으로 장난감을 집어넣을 수 있다. 책에 나오는 그림을 구분할 수 있어 "공은 어디 있을까?" 같은 질문을 하면 손가락으로 '공'을 가리킨다.

사회성

애착이 발달하는 시기라 사랑하는 사람과 아끼는 물건이 생기며 분리불안을 보이기도 한다. 자기 자신을 타인과 구분할 수 있고, 타인의 감정과 행동을 이해하는 법을 배운다. 잘 모르는 사람이 자신을 바라보면 부끄러워하기도 한다. 자기주장이 뚜렷해지면서 떼를 쓰기 시작한다. 6~20개 단어를 사용할 줄 알고, 전화, 빗, 스마트폰 잠금 해제 등 물건 사용법을 안다.

수유와 잠

수유 시간과 양은 점차 줄어들지만 모유 수유인 경우에는 '젖 맛 아는' 시기(수유 시간이 아닌데도 엄마 젖을 수시로 1~2분 빨고나서 다음 활동을 하는 시기)를 잠시 거치기도 한다. 13~18개월이 되면 이전까지 밤에 자주 깨던 아기들의 수면 문제가 저절로 해결되기도 한다.

18개월이 되었는데 다음 행동을 보이면 소아청소년과 의사와 상담하자.

- 눈을 잘 마주치지 않거나 포옹 같은 신체 접촉을 거부한다.
- 단어를 사용하지 않는다.
- 간단한 요구("팔 번쩍 들어보자" 등)를 알아듣지 못한다.
- 손을 들어 원하는 것을 가리키지 않는다.
- 전화 놀이 등 흉내 놀이를 하지 않는다.
- 걷지 않는다.
- 잘 듣지 못하거나 잘 보지 못하는 것처럼 보인다.
- 전에는 잘하던 행동을 어려워한다.
- 엄마 아빠가 눈에 보이지 않아도 그다지 관심이 없다.

놀이에 필요한 도구: 뽁뽁이, 물감, 택배 상자, 도화지, 왕면봉, 테이프, 투명 시트지, 색종이, 빨대/모루, 손 거품기, 스펀지 수세미, 붓, 플레이도우, 점보 볼트와 너트, 벨크로, 폼폼, 빨래집게, 핀셋, 화장지/키친타월, 쿠킹 포일, 탁구공

이 시기에 있으면 좋은 장난감: 모양 맞추기 장난감, 큼직한 자석, 목욕 장난감, 끼우기 블록, 볼풀, 미끄럼틀, 퍼즐

뽁뽁이 도장 놀이
(촉감, 대근육)

재료: 뽁뽁이(에어 캡), 물감, 화장지 심, 택배 상자, 도화지, 롤 페이퍼

화장지 심을 뽁뽁이로 감싸고 물감을 찍으면서 도장 놀이를 할 수 있다. 아기 발을 뽁뽁이로 감싸고 물감을 찍으면서 발 도장 놀이를 해도 좋다. 엄마가 시범을 보이면 이후에는 아이가 알아서 잘 논다. 눈 발자국처럼 도화지에 찍힌 모양도 좋아하지만, 걸을 때마다 공기 방울이 발바닥을 자극해서 더 즐거워한다. 어쩌다 공기 방울이 터지면 더욱 신나 한다.

━━━━━━━━━━━━━ : T I P : ━━━━━━━━━━━━━

뽁뽁이는 비닐이 얇고 공기 방울이 크지 않을수록 부드럽고 잘 터진다. 주문한 물건에 딸려 오는 뽁뽁이도 놀이용으로 쓰기에 충분하다. 괜히 비싼 걸 사면 비닐이 두꺼워 아이 발에 두르기 힘들고 공기 방울도 터지지 않아 도장 놀이를 하기에 적합하지 않다. 발 도장 놀이를 할 때는 바닥에 까는 종이가 클수록 좋다. 종이가 없다면 롤 페이퍼를 사길 바란다. 롤 페이퍼는 잘라서 여러 명이 함께 놀 수 있고, 다른 미술 놀이를 할 때도 쓸 수 있으며, 보관하기도 편하다.

왕면봉으로 따라 그리기
(소근육)

재료: 왕면봉, 캐릭터 스케치, 물감

색칠 놀이 책도 좋지만 아이가 좋아하는 캐릭터를 크게 프린트해서 벽이나 유리창에 붙여주면 더 즐겁게 논다. 붓 대신 왕면봉으로 색을 칠하게 해보자. 아직은 아이가 제대로 색을 칠할 순 없다. 종이에 물감을 묻힌다고 보는 게 더 정확하다. 기분에 따라 잭슨 폴록 작품처럼 보이기도 하고 종이 쓰레기로 보이기도 한다. 무엇으로 보이건 아이는 즐거워한다.

돌 이후 아이 립스틱 실험 *감탄할 준비*
(인지, 자아)

1/ 먼저 아이를 거울 앞에 세워 거울 속에 비친 자기 모습을 보게 한다. 앞으로 나올 실험의 효과를 확인하기 위한 기준인 셈이다. 실제 실험에서는 아이 얼굴을 거울로 세 번 보여줬다고 한다.

2 / 아이 코에 립스틱을 발라주고 다시 거울 앞에 서게 한다.

3 / 이때 아이 반응은 둘로 나뉜다.
    ① 거울을 보고도 멀뚱멀뚱 있는 아이
    ② 거울을 보고 자신의 코를 만지거나 립스틱 자국을 지우려는 아이

13~18개월 아이는 말이 아직 서툰 시기라 말을 하지 않으니 정확히 알긴 힘들지만, ②번 아이는 거울 속에 비친 모습이 자기인 걸 알고 '아, 내 코에 뭐가 묻었네!' 하며 코를 만진다고 짐작할 수 있다. 이런 행동을 보인다면 아이가 자아 인식을 했다고 여길 수 있다. 18개월까지는 아이들의 절반, 24개월까지는 아이들의 65% 정도가 자아를 인식한다고 한다. 물론 이 실험 결과에 대해 '아이가 자아 인식을 하더라도 코에 묻은 립스틱을 굳이 지워야 한다고 생각하지 않을 수 있는 거 아니냐'라는 의문을 품을 수 있다.

그래서 수정된 실험도 있다. 먼저 아이가 인형을 가지고 놀게 하다가 인형 코에 립스틱을 발라준다. 그리고 인형 얼굴을 깨끗이 해주자고 말한 다음 립스틱 자국을 지워달라고 요청한다. 이를 세 번 반복한다. 그런 후에 인형을 치우고 아이 코에 슬쩍 립스틱을 바른다. 그런 다음 아이를 거울 앞에 세우는

실험이다. 처음 실험보다는 결과가 좀 더 명확해진다. 그렇다 하더라도 여전히 이 실험이 '자아 인식'의 척도는 아니라고 반박하는 사람이 있다.

비판이 있든 없든 나같이 평범한 엄마 아빠에게 그게 무슨 상관인가 싶기도 하다. 이런 실험도 있다니, 우리는 그저 '재미로' 한번 해보자. 이 실험을 집에서 하고나면 후유증이 따른다. 15개월 이전에 실험에 합격(?)한 아이의 엄마 아빠들이 '내 아이는 천재'라고 확신한다.

색종이 붙이기
(소근육, 집중력, 촉감, 눈-손 협응력)

재료: 투명 시트지, 스카치테이프, 색종이

투명 시트지는 안쪽의 얇은 필름을 벗겨내고 접착 면을 위로 향하게 한 다음 가장자리에 스카치테이프를 붙여 바닥에 고정한다. 색종이를 조각조각 잘라둔다. 아이는 색종이를 투명 시트지에 붙이는 방법을 알고나면 색종이 조각이 바닥 날 때까지 붙이면서 논다. 이 놀이는 눈-손 협응력을 높이고 미세 근육 발달에도 도움을 준다. 끈적거리는 성질을 몸으로 느끼는 감각 놀이로도 좋다.

: TIP :

투명 시트지는 온라인 몰에서 쉽게 구할 수 있지만, 당장 놀이를 해보고 싶다면 동네 문구점에 파는 손 코팅지를 사서 해도 된다. 색종이 대신 폼폼이나 글자 퍼즐 등도 붙일 수 있다. 다양한 재질과 다양한 사물을 붙여보자.

물병에 빨대 넣기
(소근육, 집중력, 촉감, 눈-손 협응력)

재료: 빈 물병, 모루/빨대

엄마가 먼저 물병에 빨대를 넣는 걸 보여준다. 아이에게 물병과 빨대를 주면서 해보라고 한다. 빨대 대신 모루를 주거나 둘 다 줘도 좋다.

: TIP :

모루 세트는 온라인 몰이나 문구점에서 살 수 있다. 모루는 재질과 색을 다양하게 골라 사는 게 좋다.

물병 대신 일회용 테이크아웃 음료 컵을 줘도 좋다. 빨대는 아이가 입에 넣어도 삼킬 수 없을 정도로 조금 길게 잘라서 준다. 다만 너무 길면 아이가 빨대 위쪽을 잡기 때문에 잘 넣지 못한다.

= : TIP : =

아이가 빨대를 구멍에 잘 넣지 못하면 구멍을 넓혀주거나 아예 뚜껑을 열어준다.

손 거품기 놀이
(소근육, 눈-손 협응력, 집중력)

재료: 손 거품기, 블록, 양말, 모루, 빨대, 스펀지 수세미

집에 있는 주방 용품은 아이에게 훌륭한 장난감이 되기도 한다. 손 거품기도 마찬가지다. 대형 폼폼, 아이 양말, 유아용 나무 블록, 빨대, 스펀지 수세미, 모루 등을 손 거품기에 끼워 넣으면 아이는 본능을 발휘한다. 다 꺼내려는 본능. 물론 반대로 다 끼워 넣으려는 본능도 발휘된다.

물 페인트 놀이
(눈-손 협응력, 소근육)

재료: 도화지, 접착테이프, 붓/브러시

아이와 미술 놀이를 하고 싶지만 집 안이 난장판이 될까봐 엄두가 나지 않는다면 물 페인트 놀이부터 시작하자. 붓은 유아용 대형 붓(또는 손으로 잡기 쉬운 대형 붓), 서예 붓, 스펀지 브러시(스펀지 붓), 마루 붓, 소형 페인트 붓, 페인트 롤러 등 무엇이라도 상관없다. 도화지는 물이 스며들면 색이 두드러지게 진한 색상으로 준비하는 게 좋다. 도화지가 흔들리지 않도록 가장자리에 스카치테이프를 붙여 바닥에 고정하고 물을 담은 그릇을 준비한다. 아이에게 붓을 쥐어주면 이제부터 아이가 알아서 논다.

── : TIP : ──

목욕할 때도 물 페인트 놀이를 할 수 있다. 붓으로 무언가를 꼭 그려야 하는 건 아니다. 아이는 붓에서 뚝뚝 떨어지는 물을 좋아하고 브러시가 몸에 닿는 느낌도 좋아한다. 유아 전용 제품보다 나중에도 쓸 수 있는 일반용 소형 제품을 권한다(인터넷에서 페인트메이트, 트레이 스펀지, 브러시 마루 붓 등을 검색해 고르면 된다). 일반용 붓도 요즘에는 알록달록하고 예쁜 게 많이 나온다.

간단 비지 보드
(대근육, 균형 감각)

재료: 택배 상자, 스카치테이프, 장난감

한쪽 면이 넓은 택배 상자가 있다면 비지 보드를 만들어보자. 스카치테이프와 칼만 있으면 기본 형태를 손쉽게 만들 수 있다. 집에 있는 물건 중 촉감 놀이하기 좋은 물건들을 비지 보드에 붙여주기만 하면 된다. 사포, 거울, 조각 천, 뽁뽁이, 벨크로 등은 그 모양 그대로 보드에 붙이고, 모루나 빨대는 하나씩 붙여 패턴을 만들자. 개구리 알이나 비즈처럼 작은 소재는 아이가 삼킬 수 있으므로 지퍼백에 바디 클렌저나 샤워 젤 등을 함께 넣어 잘 봉해서 붙이면 된다.

= TIP =

비지 보드를 바닥에 두고 촉감 놀이를 해도 되지만, 벽에 붙이면 촉감 놀이와 벽 놀이의 장점을 함께 얻을 수 있다.

벨크로와 폼폼 짝꿍 벽 놀이
(대근육, 정중선 교차, 소근육)

재료: 벨크로, 폼폼

바닥에서 하면 돌 이전에도 할 수 있는 놀이다. 폼폼을 사용하는 놀이는 소근육을 발달시키는 데 도움을 준다. 벨크로 후크를 벽에 붙인 뒤 폼폼을 한두 개 붙이는 모습을 보여주자. 아이가 벨크로에 붙은 폼폼을 떼어내려 하거나 다시 붙이며 놀 것이다. 이때 폼폼을 너무 많이 주지 말자. 대여섯 개부터 시작하는 게 좋다.

파스타 면+빨대 놀이
(소근육, 촉감, 눈-손 협응력)

재료: 파스타 면, 빨대, 플레이도우

유아 놀잇감 중에 결코 빠질 수 없는 플레이도우와 빨대, 파스타 면으로 눈-손 협응력을 높이는 놀이다. 파스타 면 중 펜네를 선택하면 그림처럼 빨대에 끼우기 놀이를 할 수 있다. 집중력이 좋은 아이들이 특히 좋아하는 놀이로 한참 가지고 논다.

━━━━━━ : T I P : ━━━━━━

처음엔 아이가 플레이도우에 빨대나 파스타 면을 꽂는 것만으로도 만족하자. 하나라도 꽂고나면 어떻게 빨대 위에 파스타 면을 꽂을 수 있는지 보여주고, 스스로 하려는 모습을 보일 때까지 기다리자. 끼우는 걸 어려워하면 빨대가 흔들리지 않게 잡아주자.

유아용 점보 볼트와 너트
(소근육, 공간 감각)

재료: 유아용 점보 볼트와 너트

4차산업에 대비한 STEM(Science·Technology·Engineering·Mathematics, 과학·기술·공학·수학 융합교육) 장난감이라고 하면 너무 거창할까? 유아용 점보 볼트와 너트는 오랫동안 사랑 받아온 장난감이지만 STEM 교육이 부각되면서 인기가 더 많아진 장난감이다. 크기에 따라 유아용과 초등용 정도로 나뉜다. 기능이 단순해서 오히려 상상력을 더 많이 발휘할 수 있는 장난감이다 보니 오랫동안 가지고 놀 수 있다. 같은 색끼리 맞춰보며 색상에 대해 배울 수 있고, 볼트와 너트를 한 방향으로 조이면서 공간 감각과 소근육을 발달시킬 수 있다. 작업치료사들이 좋아하는 장난감이다.

폼폼 놀이
(소근육, 촉감)

재료: 폼폼, 빨래집게/주방용 집게, 핀셋

폼폼은 촉감 놀이로도 좋은 놀잇감이다. 폼폼 크기를 달리하거나 폼폼을 손이 아닌 도구로 집게 하면 소근육은 물론 눈-손 협응력도 발달시킬 수 있다. 빨래집게, 주방용 집게, 핀셋 등을 이용해서 폼폼 집기를 시도해보자.

: TIP :

시중에서 파는 폼폼 세트에는 다양한 색상의 폼폼이 들어 있다. 폼폼을 색상대로 나누는 놀이를 하면 인지 발달에 도움이 된다. 구멍이 송송 뚫린 수납 바구니가 있다면 구멍에 폼폼을 한두 개 끼우는 모습을 아이에게 보여주자. 그 뒤로는 아이가 알아서 놀이에 참여한다.

화장지 탑 쌓기
(대근육, 균형 감각, 문제해결력)

재료: 두루마리 화장지, 키친타월

두루마리 화장지와 키친타월을 몇 개 꺼내보자. 아이가 보는 앞에서 두

개를 쌓았다 쓰러트리면, 다음은 아이가 알아서 쌓는다. 아이가 더 높이 쌓고 싶어 하면 빨래 바구니나 택배 상자를 함께 놔두자. 빨래 바구니 위에 화장지 탑이 쌓일 것이다. 처음 두 개는 쉽게 쌓을 수 있지만, 쌓는 개수가 늘어날수록 균형을 맞추기 위해 머리를 쓸 수밖에 없다. 개월 수가 늘어갈수록 쓰러트리는 재미보다 쌓는 재미를 더 알아간다.

쿠킹 포일 속 장난감 찾기
(촉감, 문제해결력)

재료: 쿠킹 포일, 장난감

이 놀이를 하려면 준비가 필요하지만 거창한 준비는 아니다. 아이 장난감 몇 개를 가져와서 쿠킹 포일로 겹겹이 싼다. 하나를 벗겨 안에 무엇이 들어 있는지 보여주면 나머지는 아이가 알아서 벗기며 푼다. 쿠킹 포일을 푸는 동안 촉감 놀이도 되고, 쉽게 벗겨지지 않는 쿠킹 포일을 풀기 위해 이리저리 방법을 모색하다 보면 문제해결력도 길러지고 집중력도 높아진다.

: 주의 :

아이가 쿠킹 포일 한 장을 통째로 풀 거라는 기대는 하지 말자. 쿠킹 포일이 얼마나 작게 조각날 수 있는지 놀라게 될 것이다.

탁구공 옮기기
(소근육, 균형 감각, 눈-손 협응력)

재료: 탁구공, 용기, 집게/국자, 상자 또는 바구니

탁구공을 주방용 집게나 국자 또는 손으로 빈 통에 옮겨 담는 놀이다. 집중력을 향상시킬 수 있고, 눈-손 협응력을 발달시키는 데 도움을 준다. 탁구공을 바닥에 두면 국자로 푸기 어려우므로 탁구공을 상자나 바구니에 담아준다. 이왕이면 탁구공은 색상이 다양한 걸로 준비해주면 좋다.

펠트 빼기/끼우기
(소근육, 촉감, 눈-손 협응력)

재료: 펠트지

모양 펠트를 끼울 수 있도록 펠트지를 좁고 길게 잘라 '줄 펠트'를 만든다. 동그라미, 네모, 별, 꽃 등 원하는 모양으로 펠트지를 잘라 '모양 펠트'를 만들고, 줄 펠트에 끼울 수 있게 중간을 일자로 자른다. 줄 펠트와 모양 펠트를 아이에게 건네면 아이가 알아서 빼고 끼우며 논다.

이 놀이는 더 어린 월령에도 시도할 수 있지만 어린아이라면 펠트지를 입에 넣을 수 있으므로 주의해야 한다. 아이가 어릴 때는 엄마가 펠트를 미리 끼워서 건네주자. 아이가 알아서 하나씩 빼기 시작한다. 돌이 지나면 펠트 끼우기도 할 수 있다. 펠트의 독특한 질감 때문에 촉감 놀이에도 좋고, 펠트 모양을 끼우고 빼내면서 문제해결력도 키울 수 있다.

{ 편하게 살자 4 }

* **모양 맞추기 장난감**

돌 전부터 준비하는 장난감인데, 막상 돌 이전 아이는 잘 맞추지 못한다. 조바심이 생길 것 같다면 돌 이후에 사길 권한다. 아이가 모양에 맞는 구멍을 찾으려 애쓰는 동안 엄마는 아이 표정에 주목하자. 잘 못 맞출 때 어떤 표정인지, 제대로 맞춰 모양이 구멍으로 쏙 들어갈 때 얼마나 뿌듯해하는지 바라보자. 아이가 모양 통을 굴리거나, 통에 주먹을 넣거나, 주먹에 통을 끼운 채 돌아다니는 등 통 하나로 얼마나 다양한 놀이가 가능한지 보여줄 것이다. 아이는 놀이 천재임에 틀림없다.

* **큼직한 자석**

엄마가 주방에서 일할 때는 냉장고 문에 붙인 자석도 도움이 된다. 자석은 삼키면 매우 위험하므로 아이가 삼키지 못할 만큼 큼직해야 한다. 훗날을 위해 알파벳·숫자·한글 자석을 미리 사용할 수도 있지만 일단 무조건 커야 한다. 더불어 장식에 붙은 자석이 떨어지지 않게 잘 고정되어 있는지도 꼭 확인하자.

* **미끄럼틀**

아이가 기어다니기 시작하면 집 안에 들여놓는다. 거실처럼 넓은 공간에 두면 아이 움직임이 늘어난다. 집 안에서 미끄럼틀을 타기 시작하면 놀이터에 나가서도 익숙하게 잘 탄다.

* **아기 퍼즐**

처음엔 끼우기 놀이에 가까운 퍼즐로 시작한다. 동물이나 자동차 퍼즐 조각은 역할 놀이를 할 때도 쓸 수 있다. 모양 퍼즐은 모양과 색 인지에 도움을 준다.

* **목욕 장난감**

돌 전까지는 동동 떠 있는 오리 장난감을 썼다면 돌 이후에는 물을 따르고 흘려보는 장난감을 욕실 벽에 붙여두자. 목욕 시간이 수월해지고 길어진다. 여름에 베란다에서 물놀이를 할 때도 유용하다.

* **끼우기 블록**

정육각형 모양 블록 외에 끼우며 맞출 수 있는 블록도 돌 이후에는 잘 가지고 논다. 이 시기에는 블록을 끼우기보다는 블록 상자를 들어 블록 전체를 쏟거나 블록을 하나씩 잡고 두드리며 논다. 어쩌다 한 개 정도는 끼우지만 노는 방법이 따로 없는 장난감이다. 아이가 더 자라도 놀이를 변형해가면서 오래도록 가지고 노는 장난감이다.

* **볼풀**

볼풀 역시 돌 이전부터 사용하는 집이 많다. 볼풀 가격이 부담스럽다면 저렴한 미니 여름 풀장에 볼풀 전용 공을 사서 넣어줘도 좋다. 자리를 너무 많이 차지해서 부담스럽다면 빨래 바구니나 범퍼 침대에 볼풀 전용 공을 채워줘도 된다. 볼풀은 커지면 커질수록 채워야 할 공도 많아지고 그만큼 밖으로 튀어나오는 공을 치워야 할 일도 많아진다.

19~24개월
놀이

점점 의사소통이 되면서도 여전히 귀여운 모습이라, 엄마 아빠가 사랑스런 아이에게 푹 빠지는 시기다. 아이를 낳기 전에는 떼쓰는 아이를 볼 때마다 한숨을 쉬며 '나는 저렇게 키우지 말아야지' 했는데, 그 모습 그대로 내 아이가 떼를 써 눈총을 많이 받는 시기이기도 하다. 그래서 아이가 울기만 하고 엄마는 잠을 못 잤던 시절이 더 편했다고 착각하기도 한다. 바나나를 달라고 해서 먹기 편하게 껍질을 반쯤 벗겨줬더니 벗겼다고 드러누워 운다. 새 바나나를 꺼내 그대로 주면 바나나가 싫다며 또 엎드려 운다. 도대체 왜 우는지 도무지 알 수 없는 시기다.

아이가 너무 예뻐 죽겠다가도 아이 때문에 너무 힘들어 죽겠다는 감정이 함께 오는 시기니 일관성에 얽매이지 말자. 우리도 그렇게 컸다. 육아의 방향을 가지는 것은 좋다. 그러나 나에게도, 아이에게도 완벽함을 기대하지는 말자. 아이도 나도 그냥 사람이다. 실수하는 게 너무도 당연한 사람 말이다.

19~24개월 아이의 일반적인 발달

스스로 할 수 있는 일이 많아지는 만큼 말도 많아지는 시기다. 같은 단어나 간단한 문장을 반복해서 말하는 걸 좋아한다. 좋고 싫고가 분명해지고 고집도 세지는 시기라 기 싸움도 시작된다.

대근육 발달

19개월 정도면 거의 모든 아이가 걷는다. 이때쯤 뛰기 시작하고, 엄마 아빠 손을 잡고 계단을 오를 수도 있다. 정교하지는 않지만 공을 차고 던지기도 한다. 색연필이나 크레파스를 쥐고 그림도 그릴 수 있다. 블록이나 컵을 여러 개 쌓을 수도 있고 손놀림은 더욱 자연스러워져서 포크 등을 사용하여 스스로 먹을 수도 있다. 스스로 옷을 입고 벗고 싶어 하며, 기저귀를 뗄 신호를 보이기 시작한다.

수유와 잠

젖병(분유)은 거의 떼는 시기다. 아직 분유나 모유를 먹일 수는 있지만 분유나 모유가 주요 에너지원은 아니다. 먹을 수 있는 음식의 종류가 훨씬 다양해지지만 오히려 편식도 늘어난다. 이전에 수면 문제가 있던 아이라도 19개월을 넘어서면 수면 문제가 거의 사라진다.

사회성

신나고 화난 감정을 이전보다 훨씬 더 많이 느낀다. 자아를 발견해나가는 시기라 자신이 원하는 걸 못 하게 되면 분노발작이라 부르는 떼쓰기가 본격적으로 시작된다. 친구 근처에서 놀고 싶어 하지만 아직 친구와 함께 노는 건 어려울 수 있다. 다른 사람이 하는 일을 따라 하고, 소리를 따라 하며 흉내 내는 걸 좋아한다. 말이 폭발적으로 늘면서 간단한 문장("우유 주세요" 등)도 구사할 수 있다.

24개월이 되었는데 다음 행동을 보이면 소아청소년과 의사와 상담하자.

- ◎ **두 단어로 이루어진 문장을 사용하지 않는다.**
- ◎ **숟가락과 포크 등을 사용하지 못한다.**
- ◎ **어른들의 행동을 흉내 내지 않는다.**
- ◎ **감정 표현을 거의 하지 않는다.**
- ◎ **연필이나 크레용 같은 작은 물건을 제대로 잡지 못한다.**
- ◎ **짧은 지시**("새 기저귀를 가져오세요" 등)**를 알아듣지 못하는 것처럼 보인다.**
- ◎ **전에는 잘했던 행동을 지금은 잘 못한다.**

놀이에 필요한 도구: 택배 상자, 화장지 심, 모루/빨대, 케이블 타이, 손톱깎이 세트, 비눗방울 놀이 세트, 하드 막대, 물감, 이쑤시개, 벨크로, 컵, 달걀판, 플레이도우, 쿠키 커터, 자석, 끈, 페이퍼 클립, 블록

이 시기에 있으면 좋은 장난감: 모래 놀이 장난감, 롤링카, 주방 놀이/공구 놀이/병원 놀이/기차놀이 세트 등 역할 놀이 장난감, 크레용과 도화지 등 미술 놀이 용품

구멍에 모루와 빨대 꽂기
(눈-손 협응력, 촉감, 집중력, 소근육)

재료: 모루 세트, 택배 상자, 화장지 심

택배 상자에 구멍을 잔뜩 뚫어놓고 아이에게 모루 세트를 건네주면 놀이 준비는 끝난다. 돌이 지난 아이라면 누구나 즐길 수 있는 놀이인데, 친구와 함께 하면 더 즐거워지는 놀이다. 소근육(특히 세 손가락 잡기 근육)과 눈-손 협응력을 발달시킬 수 있다. 택배 상자가 보이지 않을 땐 휴지 심을 이용해서 작게 할 수도 있다. 휴지 심에 타공기로 구멍을 뚫고 모루나 빨대로 구멍을 찾게 한다. 타공기가 없다면 송곳이나 가위 등으로 적당히 구멍을 낸다.

빨대 꿰기
(눈-손 협응력, 소근육)

재료: 빨대, 케이블 타이/운동화 끈/실

유아 필수 놀이로 꼽는 구슬 꿰기를 변형한 놀이다. 눈-손 협응력과 소근육을 발달시키기 좋은 놀이다. 버블 티 빨대처럼 구멍이 굵은 빨대를 적당히 잘라주면 구슬 꿰기를 못하는 어린아이도 빨대 꿰기는 할 수 있다. 꿰는 도구와 빨대 구멍 크기나 길이에 따라 난이도가 달라진다. 빨대는 버블 티 빨대처럼 구멍이 크고 색상이 다양한 것으로 준비하자.

=: TIP :=

아이가 어릴 때는 꿰는 도구로 케이블 타이처럼 단단한 게 좋다. 케이블 타이로도 잘 꿰면 모루, 모루로도 잘 꿰면 운동화 끈, 운동화 끈으로도 잘 꿰면 털실로도 꿸 수 있다.

손톱깎이 세트 퍼즐
(눈-손 협응력, 문제해결력)

아이가 어릴 때 왜인지 모르겠지만 손톱깎이 세트가 세 개 있었다. 아이 손톱을 깎는다고 내놓았더니 아이가 세트를 맞추는 게 아닌가? 그걸 보고 세트 세 개를 한꺼번에 줬더니 한참 동안 가지고 놀았다. 일종의 끼워 넣어 맞추는 퍼즐 놀이가 된 것이다. 일반 퍼즐과 마찬가지로 문제해결력을 높일 수 있다.

=== : TIP : ===

손톱깎이와 가위는 끝이 뾰족해서 위험하므로 끝을 접착테이프로 감아서 뭉툭하게 만들어주는 게 좋다.

비눗방울 불기
(소근육)

재료: 비눗방울 놀이 세트, 케이블 타이, 빨대

맑은 날에는 꼭 해보길 권하는 놀이다. 입술, 볼, 턱, 혀 움직임에 관여하여 말하는 데 필요한 근육을 발달시키는 놀이다. 나중에 심호흡을 가르칠 때도 비눗방울 부는 흉내를 내보라고 하면 쉽게 이해하고 따라 한다. 촛불 불기나 호루라기 불기도 비슷한 근육을 발달시킨다. 다만 불기 놀이는 모두 너무 오래 하면 머리가 아플 수 있으니 조심하자.

빨대를 여러 개 묶어서 비눗방울 막대로 쓰면 포도송이 같은 비눗방울을 만들 수 있다. 손가락을 이용해 모양을 만들고, 모양에 비누 거품을 묻혀 입으로 불게 해보자. 처음에는 잘 불어지지 않지만 엄마가 시범을 보여주면 잘 불기 위해서 굉장히 노력한다. 케이블 타이를 큼지막하게 묶어 비눗방울 막대로 쓰면 커다란 비눗방울을 불 수도 있다.

분유통 저금통 놀이
(눈-손 협응력, 소근육)

재료: 구멍을 뚫기 쉬운 뚜껑이 달린 통, 카드나 하드 막대

부드러운 플라스틱인 분유통 뚜껑이나 커피 땅콩 캔 뚜껑에 길쭉하게 저금통 구멍 모양으로 잘라주면 이것저것 끼우며 놀 수 있다. 끼우는 재료로 카드나 하드 막대를 이용해도 좋다. 눈-손 협응력은 물론 구멍에 맞추기 위해 집중력을 발휘해야 한다. 통에 물건이 떨어질 때 나는 소리가 청각 자극에도 좋다.

주방 세제 거품 내기
(촉감, 소근육)

재료: 주방 세제, 손 거품기, 물, 식용색소/물감

물과 손 거품기만 있으면 할 수 있는 놀이다. 물에 주방 세제를 넣어주면 거품이 나서 아이가 더 좋아한다. 아이는 아직 거품을 낼 수 없으므로 엄마나 아빠가 손 거품기를 휘저어 거품 내는 것을 보여준다. 본 즉시 아이가 해보겠다고 할 것이다. 물감이나 식용색소를 군데군데 떨어트려주면 아이는 더 좋아한다. 주변이 한순간에 엉망이 되는 놀이이기도 하다.

거품 물감 촉감 놀이
(촉감, 집중력)

재료: 물, 주방 세제(또는 유아용 바디 클렌저), 블렌더, 큰 쟁반이나 용기

 물과 주방 세제를 2:1로 섞고 블렌더에 돌리면 거품이 충분히 일어난다. 얼마만큼 돌려야 하는지, 물과 세제의 양을 얼마나 해야 하는지는 해보면 저절로 알게 된다. 만들어진 거품을 용기에 담아 식용색소를 군데군데 떨어트려주면, 아이가 거품을 만지면서 색상이 퍼지는 것을 볼 수 있어 더 재미있어 한다. 얼굴에 묻거나 눈이나 코에 들어갈 수 있으므로 주방 세제 대신 유아용 바디 클렌저를 쓰면 더 좋다.

― : TIP : ―

아이가 어려 세제 거품이 입이나 눈에 들어갈까봐 걱정스럽다면 생크림이나 휘핑 크림으로 대체해도 좋다. 이 놀이에 주걱, 집게, 컵과 같은 주방 도구를 더할 수 있다. 세제 거품이 다 꺼지면 다시 블렌더에 넣고 돌리면 된다 새로 돌릴 때는 세제를 좀 더 넣는다.

하드 막대 꽂기
(소근육, 문제해결력, 집중력)

재료: 컬러 하드 막대, 유아용 블록/색깔 컵/일회용 커피 컵/달걀판

하드 막대로 할 수 있는 간단한 놀이다. 옥스포드 블록 같은 유아용 블록을 뒤집으면 구멍이 보이는데, 이 구멍에 하드 막대를 꽂게 해보자. 하드 막대에 맞는 색깔 컵이 있다면 색 맞추기 놀이도 할 수 있다. 일회용 커피 컵이 생겼다면 뚜껑에 하드 막대를 집어넣게 하자. 달걀판이 있다면 판을 뒤집어 각 칸에 색을 칠하고 구멍을 뚫어 칸마다 같은 색상의 하드 막대를 꽂게 하자.

== : 주의 : ==

달걀판에는 살모넬라균이 있을 수 있으므로 사용하기 전에 알코올을 뿌리고 햇빛에 잘 말려둔다.

낚시 놀이
(균형 감각, 과학)

재료: 자석, 끈, 페이퍼 클립, 종이

종이에 물고기 모양을 여러 개 그려서 오린다. 이 종이 물고기에 페이퍼 클립을 하나씩 끼운다. 끈에 자석을 붙이고 물고기를 낚는 모습을 보여준다. 물고기에 색칠을 하고 숫자를 적어두면 뽑기 놀이처럼 할 수도 있다. 아이가 어릴 때는 색 물고기(예를 들어 "빨강 물고기")를 잡아보라고 하고, 아이가 자라면 숫자를 불러주며 해당 물고기를 잡으라고 하면 된다.

― : TIP : ―

모루를 잘라 물고기 모양으로 만들면 클립도 필요 없다.

쏙쏙 이쑤시개 놀이
(소근육, 집중력, 눈-손 협응력)

재료: 이쑤시개, 양념통

양념통과 이쑤시개만 있으면 놀이 준비가 끝난다. 먼저 양념통에서 구멍이 큰 부분을 열어주고 아이에게 이쑤시개를 넣게 한다. 다음으로 작은 구멍이 송송 뚫린 부분을 열어주고 이쑤시개를 넣게 한다. 소근육을 발달시키고 집중력도 높일 수 있는 놀이다.

: TIP :

이쑤시개가 많으면 그만큼 더 오래 할 수 있는 놀이지만 이쑤시개를 한꺼번에 많이 주는 것보다는 열 개 정도만 주는 게 좋다. 모두 끝냈다는 성취감을 더 빨리 줄 수 있기 때문이다.

: 주의 :

이쑤시개가 위험할 수 있으므로 이 놀이를 할 때는 꼭 아이 옆에 있어야 한다. 엄마가 이쑤시개를 하나씩 건네주면서 넣도록 하면 덜 위험하다. 물건을 입에 잘 넣는 아이라면 이 놀이는 아이가 좀 더 자란 뒤에 하는 게 좋다.

하드 막대 연결 놀이
(소근육, 문제해결력, 집중력, 눈-손 협응력)

재료: 컬러 하드 막대, 원형 벨크로 스티커

컬러 하드 막대와 원형 벨크로 스티커가 있으면 집 안에서는 물론 차를 타고 갈 때도 할 수 있는 놀이다. 만드는 게 조금 번거롭지만 한 번 만들어두면 두고두고 쓸 수 있다. 하드 막대 양끝에 원형 벨크로를 네 개 붙인다. 하드 막대 윗면에는 벨크로 후크를 붙이고, 아랫면에는 벨크로 루프를 붙인다. 마음대로 연결하며 모양을 만들 수 있다. 집중력 발달과 소근육 발달에도 좋은 놀이다.

플레이도우 찍기 놀이
(소근육, 촉감)

재료: 플레이도우(또는 물, 밀가루, 소금, 구연산, 식용유), 쿠키 커터

플레이도우 세트와 쿠키 커터를 건네주면 아이가 알아서 논다. 플레이도우는 직접 만들 수도 있다. 물과 밀가루를 1:1 비율로 섞는다. 이것만으로도 플레이도우로 갖고 놀기엔 충분하다. 오래 보관하려면 여기에 소금을 넣고, 뭉침이 좋게 하려면 구연산을 넣고, 손에 덜 달라붙게 하려면 식용유를 넣는다. 모든 재료를 넣고 질 쉬운 다음 30분쯤 놔두었다가 뭉친다.

: TIP :

플레이도우를 처음 만들 때는 물과 밀가루 비율을 0.7:1 정도로 되직하게 만드는 게 낫다. 끓인 물을 넣으면 더 빨리 만들 수 있다. 소금, 구연산, 식용유는 넣지 않아도 되며, 구연산 대신 타르타르 크림나 레몬 즙을 넣어도 괜찮다. 재료가 너무 묽으면 전자레인지에 넣고 30초씩 돌려주자. 적당히 되직해져 갖고 놀기 좋다. 전자레인지에 너무 오래 돌리면 빵이 된다. 아주 맛 없는 빵.

작은 장난감 집 찾아주기
(인지)

재료: 달걀판, 작은 장난감(피규어, 탁구공, 유아용 블록)

아이에게 달걀판만 건네주면 되는 거라, 놀이라고 부르기 애매하긴 하다. 집에 있는 작은 장난감을 모아서 아이에게 달걀판과 함께 건넨다. 장난감 하나를 달걀판 한쪽에 넣고 "이 아이 집이야"라고 말해주면 그다음은 아이가 알아서 넣고 옮기고 이름도 정해주며 논다.

: 주의 :

달걀판을 사용하기 전에 에탄올을 뿌리고 햇빛에 잘 말려둔다.

미니 자동차 블록 미로
(인지, 문제해결력)

재료: 나무 블록, 미니 자동차

블록으로 미로를 만든다. 처음엔 아주 단순한 미로를 만들다 점점 복잡한 미로를 만든다. 아이는 미로 사이로 미니 자동차를 굴리다가 길이 아닌 곳에서는 "주차장"이라며 잠시 주차도 한다. 그리고 다시 길을 찾아가기도 한다.

블록 퍼즐 맞추기
(인지, 문제해결력)

재료: 나무 블록, 종이, 필기구

블록으로 할 수 있는 놀이는 무궁무진하다. 블록 모양에 맞춰 몇 가지 퍼즐 템플릿을 만들어놓자. 가지고 있는 블록에 색까지 맞춰 퍼즐을 만든다. 처음엔 아주 쉽게 만들었다가 점차 어렵게 만들어보자. 성취감을 높이는 데 도움을 준다. 아이도 퍼즐을 만들겠다며 스스로 그림을 그리기도 한다. 물론 모양을 잘 따라 그릴 거라는 기대는 하지 말자. 만든 블록 퍼즐을 코팅해두면 여러 번 쓸 수 있다.

그림자 놀이
(인지, 눈-손 협응력, 미세 근육)

깜깜한 밤을 무서워하거나 잠자는 걸 싫어하는 아이와 함께 할 수 있는 놀이다. 조명을 낮추는 것 자체가 수면 호르몬인 멜라토닌을 생성하라는 신호가 되므로 자연스럽게 밤잠을 준비할 수 있다. 집 안에 빛이 덜 드는 어두운 장소가 있다면 꼭 밤까지 기다리지 않아도 되는 놀이다.

일단 밤이 되면 불을 끄고 스탠드를 켜서 그림자가 잘 보이게 한다. 스탠드 대신 손전등이나 스마트폰 플래시를 켜도 된다. 준비물이 따로 필요 없는 놀이지만 몇 가지 손동작은 기억해두면 좋다. 간단한 손 동작은 아이도 잘 따라 한다. 아이가 손으로 모양을 만드는 활동은 미세 근육과 눈-손 협응력을 발달시킨다.

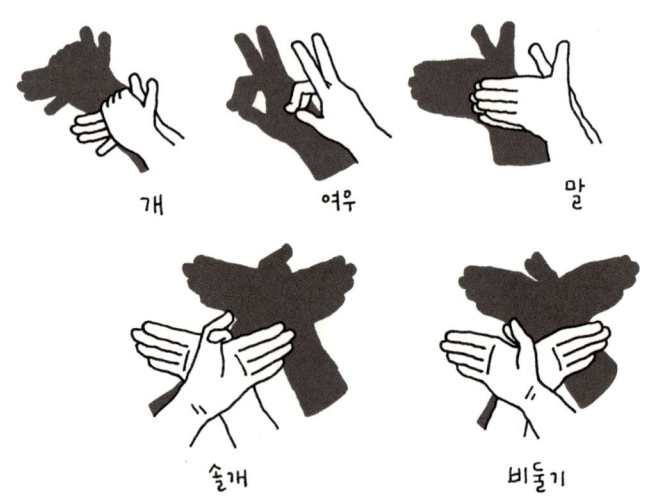

손동작이 어렵다면 아이가 좋아하는 캐릭터 그림을 오려 하드 막대에 붙여 그림자 놀이용 인형을 만들어보자. 그림자 놀이를 좋아하는 아이라면 스마트폰 플래시에 끼워 쓸 수 있는 그림자 놀이 세트를 사도 괜찮다.

빨래집게 놀이
(소근육, 집중력, 인지)

재료: 빨래집게, 화장지 심

아이에게 두루마리 화장지나 키친타월 심을 빨래집게와 함께 주면 알아서 논다. 소근육 발달과 집중력 향상에 좋다.

CD 무지개 놀이
(눈-손 협응력, 과학)

재료: 쓰지 않는 CD

햇빛이 좋은 날, 쓰지 않는 CD로 집 안에 무지개를 띄워보자. 엄마와 아이가 CD를 한 장씩 들고 빛을 반사해 서로 만나게 해보자. CD를 이리저리 흔들면서 천장이나 벽에 무지개를 띄워보는 것도 재미있다.

{ 편하게 살자 5 }

* **모래 놀이 장난감**
  물놀이를 하거나 플레이도우로 놀 때 쓸 수 있다.

* **롤링카/붕붕카**
  활동량이 늘어나는 때라 집 안에서 사용하기 좋다. 대근육을 발달시키고 방향 감각, 회전 감각을 키우기 좋은 놀이 기구다. 제조사는 층간 소음 걱정 없게 무소음 바퀴를 사용한다고 광고하지만, 과거 제품보다 소음이 덜할 뿐 여전히 시끄럽다. 바퀴에 벨크로 테이프를 덧대면 조금 낫긴 하다.

* **주방 놀이/공구 놀이 세트**
  엄마 아빠처럼 아이들도 뭔가를 해보고 싶어하므로 있으면 좋은 놀이 기구다. 미리 남녀를 구분하지 말고 아이가 갖고 싶은 걸로 사주면 좋다. 엄마 아빠와 역할 놀이를 하기에도 좋고, 혼자 놀 때도 갖고 놀기 좋다. 과일 자르기 제품이나 공구 제품을 단품으로 살 수도 있지만 기왕 사는 거라면 세트를 사길 권한다. 혼자서도 역할 놀이를 하면서 즐겁게 노는 걸 볼 수 있다.

* **병원 놀이 세트**
  역할 놀이를 하기에도 좋지만, 아이가 갖고 놀다 보면 병원을 친숙하게 여겨 병원을 덜 싫어한다.

* **망치 놀이**
  눈-손 협응력, 쥐는 힘, 집중력, 원인과 결과 인지 등을 발달시킬 수 있다. 무엇보다 아이들이 신나게 쿵쿵 때릴 수 있는 놀이라 더 좋다.

* **자동차 놀이/기차 놀이 세트**
  두 장난감은 집에 아무리 많아도 또 사는 장난감이다. 엄마가 보기엔 충분해 보여도 아이는 여전히 더 갖고 싶어 하기 때문이다. 기찻길이나 도로 세트는 있으면 좋지만, 없으면 마스킹테이프로 직접 만들어줘도 충분하다. 벽, 침대, 거실 바닥, 창문 등에 마스킹테이프를 붙여 선을 만들어주면 아이가 그 위를 걷거나 손으로 만지면서 다양한 촉감을 경험할 수 있기 때문이다. 기차 놀이 세트로 놀면 기차를 연결하면서 집중력을 키울 수 있고 미세근육을 발달시킬 수 있다.

* **수용성 크레용과 도화지(A4 용지)**
  자기 표식을 남기는 걸 좋아하는 때라서 바닥, 벽, 가구에 낙서를 하고 싶어 한다. 벽에 낙서를 못 하게 하기보다는 벽 한 면에 커다란 화이트보드를 붙여 마음껏 낙서할 장소를 정해주면 좋다. 그래도 벽에 낙서할 수 있으니 수용성 크레용을 사용하게 한다. 크레용은 너무 많이 내어놓지 말고 대여섯 종류만 내어주는 게 좋다. 테이블 위에 도화지를 놓고 그림을 그릴 때는 도화지가 움직이지 않게 접착테이프로 고정해준다.

24개월 이후 놀이

아이의 움직임은 여전히 아기처럼 귀엽지만 점점 어린이마냥 쑥쑥 자란다. 간단한 게임을 비롯해 할 수 있는 놀이가 많아지면서 재미있는 일도 늘어난다.

제법 말이 통하는 것 같다가도 전혀 안 통하는 것 같은 시기이기도 하다. 1일 1떼쓰기가 일상이 된다. 아이에 대해 잘 알거나 떼쓰기와 관련된 정보를 많이 알고 있으면 떼쓰기를 없앨 수 있을 것 같지만 그런 것도 아니다. 울음을 그치게 하려고 아무리 애를 써도 소용이 없다. 마치 하루에 쓸 떼와 울 양이 정해진 것처럼 딱 그만큼 떼를 쓰고 울어야 그치는 시기다. 아이가 떼쓰기 전에 관심을 돌릴 수 있다면 좋겠지만 일단 떼를 부리기 시작하면 달래고 관심 돌리는 게 별 소용이 없다. 아이 떼쓰기를 지켜보다 보면 엄마 아빠도 함께 떼 부리고 싶은 때가 많다. 같은 레벨로 소리 지르며 윽박질러버리고 싶을 정도다.

 실제로 소리 지르며 윽박지르는 날도 있다. 육아 카페에는 "오늘 아이에게 소리 지르고 반성 중이에요"라는 글에 "저도요"라는 댓글이 쉴 새 없이 달린다. 그런 날이 있다. 그런 날엔 육아 카페에서라도 반성하고 공감도 받자. 그리고 새로 시작하면 된다. 머릿속으로 아이가 떼쓰면 할 일을 미리 몇 가지 정해두자. 가장 기본은 떼쓰기에 참전할 필요가 없다는 것이다. 아이가 스스로 진정하기를 옆에서 기다리면 충분하다. 이렇게 몇 가지 할 일을 정해두면 아이의 떼쓰기에 대처하는 게 아주 조금 쉬워진다.

 우리나라에서는 직장맘에게 가혹한 면이 많아 아쉽지만 집에서 말이 잘 안 통하는 인간을 대하면서 배운 인간관계, 사회관계가 직장에서 커다란 장점이 될 수 있다. 아무것도 못하던 아이가 자기 주장을 하며 뒤집어지기까지, 이런 아이를 키우며 배운 것에 감사하자. 참 대단한 일을 했다며 스스로를 칭찬해주자.

24개월 이후 아이의 일반적인 발달

"이건 뭐야?"와 "왜?"에 백 번쯤 답하고나면 하루가 가는 시기다. 이 즈음 어린이집이나 유치원 생활을 시작하는 아이들이 많다.

대근육 발달

여기저기 뛰어다니다 펄쩍 뛰기도 하고 계단도 한 발씩 올라가는 등 신체 협응력이 좋아진다. 굴러온 공을 되받아 차기도 하고 마음대로 되지 않을 땐 공을 던지기도 한다. 움직이는 데 자신감이 생기면서 이것저것 다 스스로 해보려고 한다. 아이 주위에 위험한 게 없는지 옆에서 잘 지켜봐야 한다.

소근육 발달

눈-손 협응력이 좋아지며, 왼손과 오른손 중 선호하는 손을 알 수 있다. 문 손잡이를 돌려 문을 열 수 있다. 크레용을 써서 단순한 선과 그림을 그리기도 하고 커다란 퍼즐도 맞추고 블록도 제법 높게 쌓을 수 있다.

사회성과 인지

말로 잘 표현하지는 못해도 더 많은 말을 알아듣는다. 서너 단어를 써서 문장을 구사할 수 있고 이백 단어 이상을 쓸 수 있다. "왜?" 또는 "이건 뭐야?" 같은 질문을 반복해서 많

기타 생활

빠른 아이는 만 두 살이면 낮잠이 없어진다. 낮잠을 늦게 자서 취침 시간이 늦어지는 일은 흔하다. 오전에 어린이집을 가야 하는데 아직 깨지 않은 아이를 깨워야 하는 일이 잦

이 하는 시기다. 자기 표현을 하는 데 익숙하지 않아 떼를 쓰는 일이 잦다. 책을 자주 읽어줘 인지뿐 아니라 언어능력도 길러주는 걸 잊지 말자. 친구를 좋아하게 되고 함께 놀고 싶어 하는 친구가 생기기도 한다.

다면, 낮잠을 짧게 재워 취침 시간을 앞당기자. 저녁 시간 전에는 미디어 사용을 줄이고 조명을 낮춰 따뜻하면서도 일정한 수면의식을 꾸준히 해줘야 취침 전쟁을 줄일 수 있다. 밤 기저귀를 떼는 신호가 보이기도 한다. 옷을 스스로 입고 벗을 수도 있다. 머리를 스스로 빗으려 하고 손도 혼자 씻으려 한다.

36개월이 되었는데 다음 행동을 보이면 소아청소년과 의사와 상담하자.

- ◎ **말소리가 명확하지 않다.**
- ◎ **문장으로 말을 하지 못한다.**
- ◎ **짧은 지시를 알아듣지 못하는 것처럼 보인다.**
- ◎ **역할 놀이나 가상 놀이에 참여하지 못한다.**
- ◎ **눈을 잘 마주치지 않는다.**
- ◎ **자주 넘어지고 계단을 오르는 데 어려움이 있다.**
- ◎ **전에는 잘했던 행동을 지금은 잘 못한다.**

놀이에 필요한 도구: 마스킹테이프, 비눗방울 세트, 모루/빨대, 막대자석, 용기, 국자, 컵, 가위, 풀, 종이, 잡지/전단지, 플레이도우, 하드 막대, 나무 블록, 신문지, 풍선, 마커, 키친타월, 스포이트, 붓

이 시기에 있으면 좋은 장난감: 낚시 놀이 장난감, 밸런스바이크, 플레이도우 세트, 악기 세트, 볼트와 너트 장난감, 주사위 보드게임

헤어 롤 놀이
(촉감, 문제해결력, 대근육)

재료: 헤어 롤, 실, 펠트나 스웨터

엄마를 좋아하는 시기라 엄마 물건을 장난감으로 쓰면 더 좋아한다. 헤어 롤을 수납 상자에 넣어주면 이리저리 서로 붙여보고 블록을 쌓듯 쌓으면서 논다. 헤어 롤을 바닥에 펼쳐놓고 실 하나를 가져와 낚시 놀이도 할 수 있다. 벽에 펠트를 붙이고 헤어 롤을 붙여보게 해도 좋다. 옷걸이에 걸린 스웨터나 엄마가 입고 있는 울 코트에도 붙여보고, 양말에도 붙는지 시도해보자!

마스킹테이프 놀이
(소근육, 대근육)

재료: 마스킹테이프

마스킹테이프를 다양한 색과 크기로 준비해두자. 아이 나이에 따라, 마스킹테이프를 적절한 크기로 떼어 한쪽에 붙여놨다가 아이가 떼어 쓰게 할 수도 있고 아이가 직접 마스킹테이프를 떼어 붙이도록 할 수도 있다. 저렴한 종이 재질로 된 마스킹테이프를 사용하면 가위 없이 손으로 자를 수 있어서 더욱 간편하다. 아무렇게나 붙이게 해도 좋고 하트, 사각형 등의 모양을 그려 놓은 후 모양 안을 마스킹테이프로 채우게 해도 좋다.

빈대로 응용하면 잠시 시간을 벌 수도 있다. 붙이기 놀이를 떼기 놀이로 전환하자. 마스킹테이프를 30~50센티미터로 여러 개 잘라서 거실 바닥에 붙여보자. 거실 바닥이 싫으면 식탁 위도 좋고 쟁반 위도 좋다. 마스킹테이프를 마구마구 여기저기 붙여보자. 서로 겹치게 붙이면 더 좋다! 그렇게 붙여놓고 아이에게 떼라고 해보자. 종이 재질이라 떼다 보면 찢어지고, 겹친 테이프를 떼다 보면 또 찢어져 깔끔하게 떼어지지 않으니 시간이 좀 걸린다.

마스킹테이프를 붙여 선을 만들고 선 위로 걷게 해도 좋다. 미니 자동차를 좋아하는 아이에게는 접착테이프로 도로를 만들어줄 수도 있다. 도로는 바닥에만 만들 수 있는 건 아니다. 택배 상자 위에도 도로를 만들 수 있다. 바닥 도로와는 또 다른 느낌이다. 근사한 도로 테이프도 있긴 하다. 하지만 이런 근사한 접착테이프는 어린이날이나 크리스마스 선물로 아껴두는 게 좋다. 도로 테이프를 한 번 붙이면 아이는 좀처럼 떼지 못하게 하기 때문이다. 몇 개월을 붙여놔도 괜찮을 때나 사주자.

바닥에든 벽에든 작은 장난감을 마스킹테이프로 붙여주면 아이는 한참 뜯으면서 논다. 다만 이 놀이는 엄마 아빠가 들이는 시간에 비해 아이가 뜯는 속도가 너무 빨라 허무할 순 있다.

TIP

마스킹테이프로 도로를 만들 때는 소심하게 작게 만들지 말고 크게 만들자! 그리고 아이에게 한 손으로 자동차를 움직여보라고 하면 정중선 교차 운동을 충분히 할 수 있다.

벽에 낙서를 허하라
(대근육, 정중선 교차)

벽에 낙서를 허하라고? 무슨 말도 안 되는 소리인가 싶다가, 저 때 아니면 또 언제 벽에 낙서를 하겠나 싶어 허락하고 싶어질 수 있다. 게다가 허락을 했든 안 했든 아이는 대범하게 또는 소심하게 벽 어딘가에 낙서를 했을 것이다. 이왕 이렇게 된 거 절충안을 찾아보면 어떨까? 그런데 굳이 왜? 낙서를 못 하게 하기엔 낙서의 장점이 너무 많기 때문이다. 일단 낙서의 장점을 살펴보자.

1 / 팔, 어깨, 손목, 손가락 근육 발달: 벽에 낙서를 하려면 손목을 자주 굽혔다 펴야 한다. 훗날 종이에 글자를 쓰는 데 필요한 근육은 물론 손가락과 손목을 조절하는 능력도 키워준다. 팔과 어깨를 움직여야 하고 범위를 넓히면 발과 다리도 움직여야 하므로 전신운동이 된다.

2 / 눈-손 협응력과 시각·공간 지각력 발달: 벽에 종이를 대고 글자를 쓰거나 그림을 그릴 때는 양손을 다 써야 한다. 낙서를 하면서 아이는 양손뿐 아니라 눈-손 협응력도 발달시킨다. 넓은 벽면을 모두 활용하므로 위-아래-좌-우 감각을 익히는 데도 효과적이다.

3 / 정중선 교차 능력 발달: 넓은 벽면에 낙서를 하다 보면 주로 쓰는 손을 몸 중앙선 너머 여기저기 좌우로 교차하며 움직여야 한다. 정중선 교차 능력은 두뇌 좌우 반구 소통에도 중요한 역할을 한다.

4 / 코어 근육 사용: 벽면에서 작업하다 보면 몸의 코어 근육을 많이 쓰게 된다. 온몸을 골고루 사용할 수 있다.

장점을 알아도 벽 낙서를 허용할 집은 많지 않다. 허용하는 순간 집이 난장판으로 보일 게 뻔하기 때문이다. 이럴 땐 조금 양보해서 거실이나 아이 방 한쪽 벽면을 허용할 수 있다. 도저히 엄두가 나지 않는다면 벽 낙서를 대체할 만한 놀이도 괜찮다. 냉장고에 스티커나 자석을 붙이는 놀이도 좋고, 롤 페이퍼나 대형 포스트잇을 벽면에 붙여 낙서하게 하는 것도 좋다. 한쪽 벽면을 칠판 벽이나 화이트보드 벽으로 정해두면 아이가 커서도 꽤 유용하게 쓸 수 있다.

블록 판을 붙여줘도 아이가 서서 뭔가를 붙이며 놀 수 있다. DIY를 즐기는 집이라면 철물점에서 파는 온갖 물품을 커다란 나무판에 부착해도 좋다. 토들러 수제 비지 보드다.

톰 소여처럼 벽에 페인트칠을 해보는 건 어떨까? 페인트칠이라고 너무 놀라지 마시라. 욕실에서 페인트 붓으로 물만 칠할 거다. 날이 화창하면 아파트 건물 벽에 물 페인트를 칠해도 좋다. 당연히 눈총이 올 때마다 그냥 물이라고 계속 해명해야 할 수는 있다.

도화지 손톱깎이 놀이
(소근육, 눈-손 협응력)

재료: 도화지, 손톱깎이, 가위

(색) 도화지에 아이 손 모양과 엄마 손 모양을 그리고 손톱을 색칠한 후 가위로 오린다. 오린 손 모양과 손톱깎이를 아이에게 건네준다. 아이에게 시범을 보이면 다음은 아이가 알아서 한다. 이 놀이를 한 후에는 손톱깎이 사용에 자신감이 붙어 자신의 손톱도 깎겠다고 나서는 부작용이 생길 수 있다. 미리 단단히 주의를 주자.

도화지에 비눗방울 불기
(소근육)

재료: 비눗방울 세트, 도화지

비눗방울 용액에 물감이나 색소를 넣어 다양한 색상으로 만들어 아이에게 건네주면 도화지에는 더 멋진 그림이 생긴다. 비눗방울을 불 때 적절한 호흡으로 불어야 하므로 호흡 조절력을 키울 수 있고, 비눗방울이 도화지에 잘 붙었다 터질 때 성취감도 생긴다.

컵 세트에 과자 넣기
(인지, 눈-손 협응력, 소근육)

재료: 컵 쌓기 놀이 세트, 아기 과자

컵 쌓기 놀이 세트와 과자를 내어주고 컵에 과자를 알맞게 나눠 넣게 해보자. 컵에 숫자가 쓰여 있다면 "1 컵에는 과자 한 개", "2 컵에는 과자 두 개" 하는 식으로 넣게 하자. 물론 컵에 쓰인 숫자에 맞춰 과자를 넣을 거라는 기대는 하지 말자. 잘하든 못하든 문제해결력이 키워진다.

자석이 끌어올리는 모루
(소근육, 집중력, 눈-손 협응력)

재료: 모루, 막대자석, 큰 용기

모루 안쪽에는 얇은 철사가 들어 있다. 자석을 가져다 대면 당연히 달라

붙는다. 아이가 삼키지 않도록, 반드시 막대자석만큼 커다란 자석을 사용하자. 모루 다발을 바닥에 흩어놓고 자석을 이용하여 모루를 붙여 컵이나 병에 모으게 한다. 간단해 보여도 막상 집어넣으려면 꽤 집중해야 한다. 눈-손 협응력을 발달시킬 뿐 아니라 손놀림에도 좋은 놀이다. 간단하지만 오래도록 집중해서 노는 놀이다.

국자 뜨기 놀이
(소근육, 집중력, 눈-손 협응력)

재료: 국자, 작은 장난감, 수납 상자 대/소

국자와 작은 장난감으로 간단히 구성할 수 있는 놀이다. 수납 상자를 두 개 준비하여 한쪽에는 장난감을 모아두고 한쪽은 비워둔다. 장난감을 모아둔 상자에서 국자로 장난감을 떠 빈 상자로 옮기자고 하자. 물건을 떠올리기 위한 근육의 소설 감각을 익힐 수 있고 집중력을 높일 수 있으며 눈-손 협응력을 키울 수 있다.

―――― : TIP : ――――

장난감을 놓은 쪽에 물을 넣어주면 장난감을 떠서 옮기기 좋지만, 바닥은 엉망이 된다.

색 도화지 붙이기
(소근육, 눈-손 협응력)

재료: 색 도화지(적어도 2장), 가위

색 도화지 한 장은 바탕지로 쓰고, 다른 한 장은 동물이나 물고기 모양으로 크게 오린다. 아이 손가락으로 집기 좋은 크기로 색종이를 잘라둔다. 눈, 코, 입 등을 만들어보자고 해도 좋지만, 알아서 아무렇게나 이것저것 붙여보게 하는 것도 괜찮다. 작은 색종이를 잡고 붙여야 하므로 눈-손 협응력을 키울 수 있고, 색종이 붙일 장소를 생각해야 하므로 머리도 많이 쓰게 된다. 아이가 어릴 때는 모양 색 도화지 윗면에 풀을 미리 발라두어 색종이만 갖다 대면 붙게 하자. 아이가 조금 더 크면 스스로 풀을 발라 붙이게 한다. 뭐든 스스로 하고 싶어 하는 시기라 좋아한다.

═══════ : TIP : ═══════

아이가 무언가를 만들었다면 집 안에 전시를 하거나 붙여주자. 물건이라면 선반에 전시해주고 색 도화지 동물 같은 평면 형태라면 창문에 며칠 붙여놔도 좋다. 아이는 굉장히 뿌듯해하며 새로운 활동에도 적극적으로 참여한다. 전시를 마친 후에는 연도별 작품 수납 상자를 마련해 모아두자. 시간도 몸도 마음도 여유가 있는 날엔 포스트잇에 작품 설명을 써 붙이면 좋다. 아이가 초등학생쯤 되어서도 꺼내 보며 좋아한다.

사진 속 장소 찾기 놀이
(인지, 관찰력)

재료: 스마트폰, 프린트한 사진

엄마 아빠는 잠깐 휴식 시간을 벌 수 있어 좋은 놀이다. 아이의 눈썰미를 알아보는 건 덤이다. 숨바꼭질 술래처럼 아이에게 눈을 감고 기다리라고 한다. 눈 감기 싫어하는 아이라면 어느 한 장소에 머물도록 한다. 이제 집 안 곳곳의 부분 사진을 스마트폰으로 찍자. 스마트폰으로 찍은 사진을 프린트하고 프린트한 사진과 스마트폰을 아이에게 건네준다. 사진에 찍힌 장소나 물건을 찾아내어 스마트폰으로 비슷하게 찍어오라고 하자. 아이가 사진 속 장소와 물건을 다 찾아서 찍으면 이 사진 역시 프린트해서 원래 사진과 어떻게 다른지 비교해보는 것도 좋다.

내가 찍은 사진   아이가 찍은 사진

장난감 씻기 놀이
(촉감, 소근육, 집중력, 눈-손 협응력)

재료: 욕조 또는 수납 상자, 유아용 블록 등 장난감 다수, 칫솔이나 솔

따뜻한 날에는 장난감 씻기 놀이도 할 수 있다. 혼자 할 수 있는 놀이라 더욱 좋다. 욕조나 수납 상자에 물과 장난감을 함께 넣고 칫솔이나 솔을 건네주자. 상당히 정성스럽게 장난감을 씻는 아이 모습을 보게 될 것이다. 별거 아닌데 아이는 한참을 논다.

===== : TIP : =====

유아용 바디클렌저를 조금 넣어주면 거품이 일어 더 즐거워한다. 눈에 들어가도 따갑지 않은 클렌저라야 한다. 수납 상자를 두 개 준비해서 하나에는 거품이 있는 물을 담고 다른 하나에는 깨끗한 물을 담아 씻기와 헹굼을 다 할 수 있게 해도 좋다.

인지 발달 실험, 나도 한번 해볼까?

인지심리학 책에 자주 나오는 재미있는 실험을 소개하려 한다. 실험 과정이 재미있어서 놀이로도 할 수 있다. 스위스의 심리학자 장 피아제가 자신의 아이들을 관찰하며 발견한 실험인데, 우리가 해봐도 꽤 재미있다. 아이가 모두 틀릴 때부터 모두 맞힐 때까지 시간을 두고 가끔씩 해보면 아이의 인지 발달 과정을 지켜볼 수 있다.

다섯 가지 실험 모두 만 7세 미만 아이에게는 어려울 수 있으므로 모두 맞히길

기대하지 말자. 몇 해 전 미국 유명 대학에서 박사과정을 마친 이웃의 세 살 아이(만 2세)와 놀며 이 실험을 함께 한 적이 있다. 당시 아이의 대답을 들은 아이 아빠는 어떻게 저걸 모를 수 있느냐는 반응을 보였다. 실험 내용을 듣고서야 이해한 듯 보였지만 '다른 아이도 아니고 내 아이가 저걸 모르다니!' 하는 의아한 반응은 여전했다.

자! 마음의 준비를 하시라. 아이들의 엉뚱한 대답을 들으면 신기해서 자꾸 웃음이 나올 것이다. 다시 한 번 강조하지만, 만 7세 이전에는 엉뚱한 답을 할 수 있다! 답답해도 그게 그 나이의 아이가 할 답이다! 반대로 아이가 만 7세가 되기 훨씬 이전에 제대로 된 답을 하더라도 의미를 부여하지 말자. 아이가 숫자나 양을 이해하지 못하기 때문이 아니라 질문이 모호해서 엉뚱한 답을 하는 거라는 비평도 따르는 실험이기 때문이다. 질문 의도가 얼마나 명확한지에 따라 아이가 제대로 답변할 수도 있고, 답변하지 못할 수도 있다는 말이다.

[실험 1] 어느 컵에 물이 더 많을까?

이 실험에는 투명 컵이 세 개 필요하다. 두 개는 비커같이 넓적한 컵, 나머지 하나는 실린더같이 길쭉한 컵이라야 한다. 먼저 아이 앞에서 크기가 같은 컵 두 개에 물을 동일한 양으로 담는다. "어느 컵에 물이 많을까?"라고 물으면 아이는 "똑같다"라고 답한다. 물론 이때도 예민한 아이는 물 높이를 유심히 관찰해서 더 높은 쪽이 많다고 하기도 하지만 크게 상관없다. 그중 한쪽 컵의 물을 길쭉한 컵으로 옮겨 담는 걸 보여준다. 물이 담긴 두 컵을 나란히 두고 "어느 컵에 물이 많을까?"라고 물으면 만 7세 이전의 아이는 주로 길쭉한 컵의 물이 더 많다고 대답한다. 자기 눈앞에서 같은 양의 물을 다른 컵에 옮겨 담았는데도 말이다. 의아하지만 그게 아이의 인지 발달 수준이다.

[실험 2] 어느 쪽 동전이 더 많을까?

아이 앞에서 동전을 다섯 개씩 같은 간격으로 두 줄 놓는다. "어느 줄에 동전이 더 많을까?"라고 물으면 아이는 "똑같다"라고 답한다. 윗줄(또는 아랫줄) 동전을 널찍이 떨어뜨리고 "어느 줄에 동전이 더 많을까?"라고 물으면 의외로 "윗줄!" 하며 널찍이 떨어뜨려 놓은 동전 줄을 택하는 경우가 많다. 응?

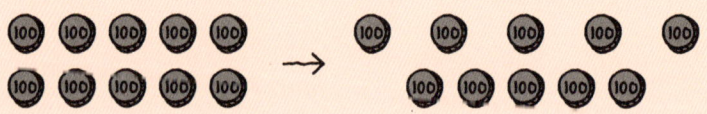

[실험 3] 어느 쪽 기차가 더 길까?

길이가 같은 기차(길쭉한 막대여도 좋다) 두 개를 아이 앞에 둔다. "어느 쪽 기차가 더 길까?"라고 물으면 아이는 "똑같다"라고 답한다. 한쪽 기차를 쭉 밀어 앞서 보이게 만들고 "어느 쪽 기차가 더 길까?"라고 물으면 움직인 기차가 더 길다고 답하는 경우가 많다. 왜?

[실험 4] 어느 쪽 플레이도우가 더 많을까?(양)/무거울까?(무게)

플레이도우를 비슷한 양으로 나누고 똑같이 뭉쳐서 아이에게 보여준다. "어떤 플레이도우가 더 많을까?"라고 물으면 아이는 "똑같다"라고 답한다. 그중 한 덩어리를 밀어서 길쭉하게 만들고 "어느 쪽 플레이도우가 더 많을까?"라고 물으면 십중팔구 길게 만든 플레이도우가 더 많다고 답한다. 마찬가지로 집에 저울이 있다면 똑같이 뭉친 플레이도우 두 개를 저울에 올려 무게 재는 걸 보여준다. 그중 한 덩어리를 밀어서 길쭉하게 만들고 "어느 쪽이 더 무거울까?"라고 물어도 역시나 길게 만든 플레이도우가 더 무겁다고 답한다.

[실험 5] 어느 산이 앞에 있을까?
플레이도우로 간단한 놀이를 먼저 해보자. 이 놀이를 하면 다음 실험을 이해하기가 훨씬 쉽기 때문이다. 종이 몇 장에 플레이도우로 만들 산의 배치도를 그린다. 아이에게 종이 배치도를 보고 플레이도우를 배치해보라고 하자. 잘 배치하면 다음 실험으로 넘어간다.

테이블 한쪽에 아이를 앉히고 다른 한쪽에는 인형을 앉힌다. 세 가지 색상의 플레이도우로 산을 세 개 만든다. 종이에 플레이도우로 만든 산의 배열 모양을 몇 개 그린다. 그리고 아이에게 인형이 보기에 어떤 모양으로 산이 배열되어 있을지 생각해보고 그 종이를 골라보라고 한다. 아이가 인형 입장에서 생각하지 못하고 자기가 보기에 플레이도우가 배치된 순서로 플레이도우 배치도를 선택하기 쉽다.

수제 스티커 딱풀 붙이기
(소근육, 눈-손 협응력)

재료: 잡지나 전단지 사진, 가위, 풀, 종이

마트 전단지나 잡지에서 물건 사진이나 그림을 오린다. 가위를 어느 정도 쓰는 아이라면 스스로 오려보게 한다. 아무 종이에든 딱풀로 붙이게 하면 끝!

안 먹는 아이를 위한 스티커 놀이
(소근육, 문제해결력, 인지)

재료: 종이, 스티커, 마커

종이에 사람을 그려놓고 배 위치에 커다란 원을 그린다. 그림 속 사람이 아이라고 알려주고 아이 배 속이 얼마나 채워졌는지 스티커로 붙이게 한다. 강압적인 모습을 보이지 말고 편안한 분위기를 유지하도록 하자.

이쑤시개 연결 놀이
(소근육, 문제해결력, 인지)

재료: 플레이도우, 이쑤시개/젓가락

플레이도우와 이쑤시개나 젓가락 등의 막대기가 있으면 할 수 있는 놀이다. 균형을 맞추려면 위쪽에는 작은 플레이도우, 아래쪽에는 큰 플레이도우를 써야 하는 등 머리를 써야 하므로 집중력을 키울 수 있다. 아이가 처음부터 연결하는 작업을 할 순 없다. 이쑤시개에 플레이도우 덩어리를 꼽는 것만으로 만족하자. 이 플레이도우 꼬치(?)를 여러 개 만들고나면 그때 꼬치 여러 개를 연결하는 모습을 보여주자. 그러면 또 금방 따라 한다.

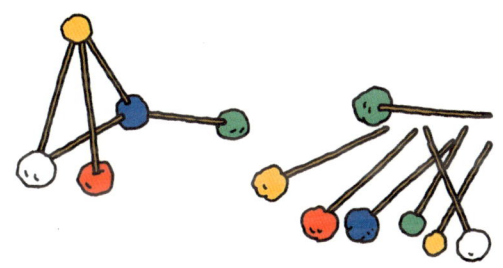

하드 막대 퍼즐 맞추기
(인지, 문제해결력, 눈-손 협응력)

재료: 컬러 하드 막대, 퍼즐 템플릿

컬러 하드 막대는 퍼즐 맞추기에도 쓸 수 있다. 퍼즐 템플릿을 미리 만들어놓으면 두고두고 쓴다. 아이가 퍼즐 템플릿에 따라 색과 모양을 맞추는 동안 집중력이 좋아진다.

라벨 퍼즐 놀이
(인지, 집중력)

재료: 물건 포장재, 가위

퍼즐이 아이 두뇌 발달에 도움이 되기는 하지만 매번 새로운 퍼즐을 사야 하는 건 아니다. 구입한 물건의 포장재에 적힌 라벨도 멋진 퍼즐이 될 수 있다. 포장재의 원래 모양을 아이에게 보여주고, 여러 조각으로 자른 후에 한 번 제대로 맞추는 걸 보여준다. 다시 흩트리고 아이가 스스로 맞추게 한다.

— : TIP : —

아이가 아직 어리다면 그림이나 사진이 뚜렷한 포장재를 사용하는 게 좋다. 글자는 몰라도 글자라는 걸 아는 아이라면 글자 라벨로도 퍼즐을 만들 수 있다.

블록 포장하기
(소근육, 문제해결력)

재료: 포장지 혹은 종이, 나무 블록

선물을 포장하는 날 아이와 함께 하기 좋은 놀이다. 블록을 충분히 감쌀 수 있는 종이를 주고 블록을 포장하게 해보자. 처음엔 넉넉한 종이를 주고 블록이 안 보이게 포장하는 데 의미를 두자. 익숙해지면 블록을 포장할 만큼만 종이를 잘라주고 블록이 안 보이도록 잘 맞춰서 포장하라는 미션을 준다. 예쁜 포장은 기대하지 말자.

마스킹테이프 도로와 블록 시티
(소근육, 눈-손 협응력)

재료: 마스킹테이프, 블록 세트, 미니 동물/인물/자동차 장난감

먼저, 바닥에 마스킹테이프로 큰 도로를 만든다. 테이프 도로를 중심으로 블록 아파트, 블록 도서관, 블록 병원, 블록 빵집, 블록 쇼핑센터를 세운다. 아이는 엄마와 함께 만들면 더 좋아하지만 혼자서도 잘 만든다. 아이는 자동차로 블록 빌딩을 찾아다니거나 동물 또는 인물 장난감을 들고 원하는 곳을 찾아다닌다. 모든 블록 세트를 다 사용할 만큼 아이가 집중하는 놀이다.

TIP

가끔씩 태풍 등 자연재해가 일어났다며 살짝 흐트려도 좋다. 그러면 아이는 도시를 재건하는 즐거움도 만끽할 수 있다. 블록뿐 아니라 과자 상자 같은 작은 상자를 큰 빌딩으로 쓸 수 있다.

풍선에 그림 그리기
(소근육, 눈-손 협응력)

재료: 풍선, 마커

움직이는 풍선에 그림을 그리는 건 쉬운 일이 아니지만, 그만큼 아이의 집중력이 높아진다. 풍선을 불어서 마커와 함께 쥐어주자. 풍선에 그림이 잘 그려지도록 매끄럽게 잘 나오는 마커를 건네준다. 달걀 껍질에도 그림을 그릴 수 있다. 달걀 요리를 하는 날 하기 좋은 놀이다.

TIP

처음에는 풍선을 엄마 아빠 얼굴로 생각하고 그리라고 해도 좋다. 풍선에 그려진 엄마 얼굴과 아빠 얼굴이 어떤지 살펴보자. 하루하루 풍선에서 바람이 빠지면 얼굴 모양이 변하는데 그걸 보고도 아이는 굉장히 좋아한다.

신문지 찢어 던지기
(대근육)

재료: 신문지 몽땅

마음의 준비가 되었다면 추천하는 놀이다. 뭐가 그리 좋은지, 아이가 좋아하다 못해 날뛰는 모습을 볼 수 있다. 신문지를 미리 찢지 말고 아이가 보는 앞에서 잘게 찢어보자. 쫙쫙 찢을 때부터 아이는 웃기 시작한다. 찢은 신문지를 던지라고 하면 더없이 즐거워한다.

신문지 놀이를 한 후 좀 더 쉽게 정리하려면, 분유 통이든 과자 통이든 곰국 솥이든 큼직한 통을 하나 꺼내자. 이 통이 농구 골대가 된다. 흩어진 신문지를 적당한 크기로 뭉쳐 통에 던져보자. 아이도 따라서 신문지를 뭉치며 통에 집어넣으려고 한다. 처음엔 통을 가까이 두고 골인이 잘되도록 격려하고 환호해주자. 얼마쯤 던지면 큰 신문지 조각들은 통속에 제법 들어가 있다!

신문지 놀이 하나 더!
신문지 한두 장을 돌돌 말아 골프채처럼 만든다. 아이에게 풍선이나 수영장 공같이 가벼운 공을 맞춰 치게 한다. 대근육 발달에 좋은 놀이다. 물론 아이가 흥분해서 너무 뛰어다닐 수는 있다.

키친타월 물감 놀이
(소근육)

재료: 키친타월(커피 필터), 물감, 물, 스포이트 또는 붓

키친타월을 사용해 물감 놀이를 해보자. 물감에 물을 섞어 묽게 만들고, 이 물감 물을 스포이트로 흡수시켰다가 키친타월에 떨어트리자. 키친타월은 물을 흡수하기 때문에 물감을 뿌려놓고 물을 그 위에 한 방울씩 떨어트리면 물이 번져가면서 예쁜 모양을 만들어낸다.

── : TIP : ──

이런 작품은 며칠만이라도 집 안에 전시하자. 사진을 찍어둬도 좋다. 벽면에 달력 홀더나 식당 오더 랙을 붙여두면 아이 작품을 여러 장 끼워 전시하기 쉽다.

드라이아이스 연기

재료: 드라이아이스, 물, 투명 용기

냉동 식품이 택배로 올 때 드라이아이스가 딸려 왔다면 시도해보자. 드라이아이스를 용기에 넣고 물을 조금 넣는다. 보글보글 소리가 나면서 드라이아이스가 승화되는 모습을 볼 수 있다. 연기가 뜨겁지 않아 아이도 만질 수 있으니 신기해한다. 드라이아이스를 담는 용기는 아무 용기나 상관없지만 이왕이면 연기가 잘 보이는 투명 용기가 좋다.

: 주의 :

드라이아이스를 만지면 저온 화상을 입을 수 있으므로 손으로 만지지 못하게 하자.

흔들흔들 예술
(대근육)

재료: 택배 상자, 물감, 풀, 종이

택배 상자 안쪽에 종이 별 모양, 달걀 모양 등을 붙여준다. 그 위에 색 물감 여러 개를 몇 방울씩 뿌려두자. 택배 상자를 대충 봉하고 아이에게 마구 흔들어보라고 하자. 흔들면 흔들수록 택배 상자 안쪽에서는 멋진 예술 작품이 생겨난다.

바느질 놀이
(소근육, 집중력, 눈-손 협응력)

재료: 택배 상자 골판지, 펀치, 리본/털실/운동화 끈

택배 상자 등에서 판을 오려 그 위에 큼지막한 구멍을 여러 개 낸다. 아이에게 리본이나 운동화 끈으로 바느질하는 모습을 보여준다. 예쁜 모양으로 바느질하길 기대하지 말자. 소근육과 눈-손 협응력을 키울 수 있고, 시간 보내기도 좋다.

── : TIP : ──

운동화 끈이 없을 때는 리본이나 털실 한쪽 끝을 접착테이프로 말아주자. 운동화 끈처럼 끝이 단단해져서 바느질하기가 쉬워진다.

모로 반사 테스트 운동

태어날 때 가지고 태어나는 반사 반응이 사라졌는지 알아보자. 신생아 반사 반응은 자라면서 사라지는 게 정상이다. 다행히 이 운동은 테스트이기도 하지만 반사 반응이 남아 있을 때 할 수 있는 운동이기도 하다.

아이를 소파나 의자에 팔과 다리를 쫙 펼 수 있는 자세로 앉힌다. 아이의 왼팔과 왼쪽 다리에 스티커를 하나씩 붙인다. 왼팔과 왼쪽 다리는 이제 '스티커 쪽 팔'과 '스티커 쪽 다리'가 된다. 아이는 아직 왼쪽과 오른쪽을 모르므로 스티커로 구분하는 것이다. 아이와 마주 앉아서 함께 따라 해주면 더 좋다. 아이에게 불가사리처럼 팔과 다리를 쫙 펼치게 한다. 그 상태에서 몸을 웅크려 팔과 다리를 동시에 접으며 꼬아보라고 한다.

이때 어느 쪽 팔과 다리가 위로 올라와 있는지 살펴보자. 왼쪽 팔과 왼쪽 다리가 (또는 오른쪽 팔과 오른쪽 다리가) 위쪽으로 올라와 있다면 신생아 모로반사는 사라졌다고 본다. 즉, 같은 쪽 팔과 다리가 위쪽으로 올라오는 게 좋다. 너무 오래 관찰하면 아이가 짜증을 내므로 이 상태에서 얼른 사진을 찍어둔다.

만일 서로 다른 쪽 팔과 다리가 위로 올라온다면 걱정하지 말고 이 운동을 자주 해주자. 불가사리처럼 몸을 쭉 펴게 하고 "스티커 쪽 팔을 가슴 위로 접고, 스티커 쪽 다리를 안쪽으로 접어봐" 한다. 그리고 그 상태에서 "스티커 안 붙은 쪽 팔이랑 다리를 접어" 하면 스티커 안 붙은 쪽 팔과 다리가 위쪽으로 오게 된다. 다시 불가사리처럼 몸을 쫙 펴게 한 후에 스티커 붙은 팔과 다리가 위쪽으로 오게 한다.

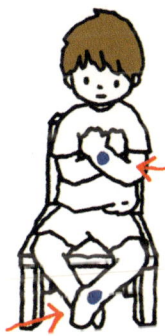

조금 어렵게 하려면 동시에 다음과 같이 할 수도 있다. 몸으로 하는 '간장 공장공장장은 간공장장' 놀이 같은 기분이 들 수도 있다. 불가사리처럼 몸을 쭉 펴게 하고 "스티커 쪽 팔과 다리가 위쪽으로 가게 꼬는 거야!"라고 한다. 아이는 스티커 쪽을 찾기 위해 머리를 써야 할 것이다. 아이가 허둥대면 긴장하지 않도록 같이 허둥대며 깔깔거려주자. "이거 정말 어렵다!"라면서. 제대로 스티커 쪽 팔과 다리가 위로 가게 꼬았다면 그 상태에서 "아까처럼 불가사리!"라고 하여 다시 불가사리처럼 팔과 다리를 쫙 펴게 한다. 그리고 다음 번엔 "이번엔 스티커 안 붙인 쪽 팔과 다리가 위로 가게 꼬는 거야! 시작!" 한다. 역시 어려울 것이다. 이렇게 몇 번씩 반복한다.

펜싱 반사 테스트 운동

이번엔 펜싱 반사 테스트다. 아이에게 양팔을 쭉~ 뻗어 '앞으로 나란히!'를 시킨다. 얼굴도 앞을 보고 있어야 한다. 그 상태에서 아이에게 왼쪽으로 고개를 돌리라고 한다. 고개를 왼쪽으로 돌렸을 때 나란히 뻗었던 오른팔이 굽어지면 신생아 반사가 아직 남아 있는 거다. 아이에게 기어가는 자세를 하게 하고 얼굴은 앞을 보게 했다가 고개를 한쪽으로 돌려보라고 했는데, 반대편 팔이 굽어지면 역시 신생아 반사가 남아 있는 거다.

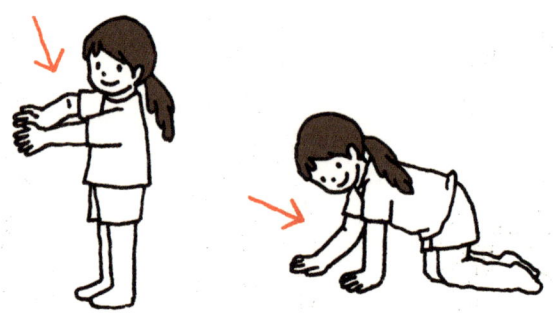

신생아 반사 반응이 아직 남아 있을 때 할 수 있는 간단한 운동이 있다. 기어다니게 하는 건데, 사실 아이가 재미없어 한다. 그럴 땐 재미도 더하고 움직임 방향과 고개의 조절력을 더할 수 있도록, 작은 콩주머니나 작은 공 등을 한쪽 어깨와 고개에 끼워놓은 채 기어다니게 한다. 성공하면 반대쪽 어깨와 고개 사이에 끼우고 기어다니게 한다. 손끝은 앞을 향하도록 주의한다.

팔머 반사 테스트 운동

손바닥이 위로 가도록 펴게 하고 연필 등으로 생명선을 따라 손목 쪽으로 선을 그어준다. 이때 아이가 손가락을 움찔하는지 살펴보자. 간지럼을 잘 타는 아이라면, 반사가 아직 남아서가 아니라 간지러워서 손가락을 움찔할 수도 있으니 몇 번 장난처럼 하면서 정말 간지러워서 그런 건지 체크해본다.

아이 손아귀에 맞는 주머니를 쥐게 한다. 한 손가락씩 쥐게 하거나, 엄지-검지만 맞닿게 했다가 엄지-중지만, 엄지-약지만, 엄지-소지만 순차적으로 맞닿게 하는 걸 반복해주자.

{ 편하게 살자 6 }

* **낚시 놀이 장난감**
  집중력과 정교함이 필요한 놀이라 오랫동안 잘 가지고 논다. 낚시 롤은 내구성이 떨어지므로 사지 않는 게 좋다. 아이가 손으로 올리고 내리는 정도면 충분하다. 물고기를 낚는 장난감이지만 자석, 도화지, 클립을 이용하면 뭐든지 낚을 수 있다.

* **플레이도우 세트**
  아이가 삼킬 염려가 덜하면 아이클레이나 천사점토 등을 가지고 놀게 할 수 있다. 플레이도우는 수제로 만들 수도 있지만 세트로 한 개 정도는 사놔도 좋다. 두고두고 쓸 수 있고 틀이 있어서 편하기 때문이다. 틀이 부족하면 쿠키 틀을 더해도 좋다.

* **악기 세트**
  유아용으로 나온 악기는 6개월부터 사용할 수 있다. 초등학생용 악기 세트도 괜찮다.

* **볼트와 너트 장난감**
  블록과 마찬가지로 다양한 조합을 만들 수 있어 사고력, 집중력, 공감각, 창의력을 키울 수 있다.

* **끌고 다닐 만한 동물 장난감**
  강아지나 고양이 같은 반려동물에 관심이 많은 시기라 목에 줄을 매고 끌고 다닐 만한 크기의 동물 장난감이 있으면 좋다. 동물원 입구에 가면 파는 장난감이기도 하다.

* **밸런스바이크**
  최근에는 세발자전거보다 더 선호하는 야외 육아 용품이다. 사용법을 익히고나면 일반 놀이터 정도의 공간으로는 부족한 감이 있다. 학교를 졸업한 이후로는 학교 근처도 가고 싶지 않겠지만 밸런스바이크를 타기에 학교 운동장만큼 좋은 공간도 없다. 물론 축구하는 아이들을 피해 한쪽 구석에서 놀아야 하는 불편은 있다.

* **주사위 보드게임**
  보드게임은 아이들이 자라서도 부모와 함께 할 수 있으므로 이왕이면 일찌감치 엄마 아빠와 즐겼으면 한다. 시중에 만 2세가 쓸 만한 보드게임은 없지만, 주사위만 있으면 보드게임 판을 만들어 놀 수 있다. 이것도 귀찮다면 윷놀이도 괜찮다.

맺음말

아이는 놀면서 '뭐' 해!

　두 아이와 함께 꼬박 5개월 동안 집콕 생활을 했다. 며칠 전부터 두 아이가 학교를 가기 시작했고, 자연스레 바깥 놀이도 조금씩 늘어나고 있다. 나는 재택근무자라 아이와 바깥 활동하는 시간이 늘어나면 일하는 시간이 줄어 마음이 쫓긴다. 그래도 바깥에 나오면 기분이 좋기에 주저하지 않고 나선다. 집 안에서는 아이들에게 뭔가를 알차게 해줘야 한다는 부담이 있지만, 집 밖으로 나오면 별달리 해주지 않아도 아이가 알아서 잘 놀기에 몸도 마음도 한결 가볍다.

　물론 아이가 어릴 때는 밖으로 나오려면 준비물이 많다. 물, 간식, 기저귀, 분유, 여벌 옷, 물티슈 등등. 큰 아이는 밥도 참 안 먹던 아이라, 이런 준비물을 챙기더라도 밥에 김만 돌돌 말아 락앤락 통에 담아서 놀이터로 가 식사를 한 날도 많았다. 별다른 반찬이 없어도 집 밖이라는 반찬 하나만 있으면 준비해 간 밥을 다 먹고 들어왔다. 아장아장 걷던 아이는 동네 언니 오빠들이 킥

보드와 자전거를 타고 지나다니는 것을 보며 '나도 많이 먹고 얼른 커서, 저 언니 오빠들처럼 자전거 타야지' 하며 다짐을 했을지도 모른다. 언니 오빠를 따라 잡으려 종종 걸음을 치다가 넘어져도 얼른 일어나 다시 달려갔지만, 어린 동생을 다치게 할까봐 두려운 언니 오빠들은 저 멀리 도망가버렸다. 그러면 아이는 바닥에 주저앉아 자기 손에 쥘 만한 돌멩이를 하나 주워 엄마인 나에게 선물로 주곤 했다.

집 밖으로 나오면 모든 게 놀이다. 같이 산책하는 것도, 동네 언니 오빠가 노는 모습을 구경하는 것도, 큰 아이들 틈에 끼어 아가 취급을 받으며 미끄럼틀을 차지하는 특권을 가져보는 것도, 바닥에 주저앉아보는 것도 모두 놀이다. 아이가 자라면 더한다. 친구가 하나둘 생기면서 가장 좋은 놀이는 바깥 놀이가 된다. 놀이가 아이의 일이듯 놀이터는 아이의 일터다. 바깥 놀이에는 별다른 준비물도 장난감도 필요 없다. 심지어 엄마 아빠가 놀아줄 필요도 없다. 아이를 그냥 지켜보면 되는 때가 많다. 그만큼 바깥 놀이는 만능이다.

언제나 바깥 놀이를 할 수 있다면 굳이 놀이를 담은 책을 볼 필요가 없다. 하지만 아쉽게도 매일 또는 하루 종일 바깥 놀이를 할 수는 없다. 아이가 아픈 날도 있고 처진 날도 있다. 미세먼지가 가득한 날도 있고 눈이나 비가 올 수도 있다. 전염력 강한 바이러스 질환이 유행할 수도 있다. 엄마나 아빠가 도저히 놀아주기 힘들 만큼 바쁜 날도 있고 체력이 바닥난 날도 있다.

밖으로 나가지 않고는 배기지 못할 만큼 좋은 날이 있는가 하면, 도저히 나갈 수 없는 날도 있다. 그렇게 밖으로 나갈 수 없는 날에도 아이는 놀아야 한다. 부모들은 공부하거나 일하는 시간을 더 알차게 느낀다. 지금 그렇게 살고 있기 때문이다. 그래서인지 아이와 노는 게 자연스럽지 않다. 쓸모없는 일을 재미있게 해본 적이 언제인가 싶다. 엄마 아빠도 어린 시절엔 분명 그렇게 놀았는데 말이다. 잠시 잊고 있던 놀이의 기억을 떠올려보기 바란다. 그리고 이 책에서 준비한 쉬운 놀이를 찾아 아이와 일상을 보낼 수 있으면 좋겠다.

"놀면 뭐 하니?"라고 누군가 물으면
"아이는 놀면서 자란다!"라고 대답하거나
"아이는 놀면서 배운다!"라고 답한다.
그러다 또 어떤 날에는 "아이는 놀면서 뭐 해!"라고 답한다.